Affiliate Marketing für Anfänger:

Wie Sie mit Affiliate Marketing ein passives Einkommen aufbauen und finanziell unabhängig werden. Der einfachste Weg Online Geld zu verdienen anschaulich erklärt.

Tom Sommer

Einleitung

1. Einleitung

In diesem Buch lernen Sie alles, was Sie zum Thema *Affiliate-Marketing* wissen müssen, um direkt loszulegen und sich ein lukratives Zusatzeinkommen aufzubauen. Sie erfahren, worum es sich bei dieser besonderen Art der Vertriebsstruktur handelt. Des Weiteren lernen Sie die Grundlagen einer richtigen Marketingstrategie kennen und erlangen Wissen, wie genau Ihre perfekte *Affiliate*-Marketing-Kampagne funktioniert.

In den nachfolgenden Kapiteln werden die wichtigsten Vor- und Nachteile dieser Marketing- und Vertriebsmethode besprochen und Sie erhalten das Handwerkszeug, welches Sie benötigen, um die häufigsten Fehler im *Affiliate*-Marketing zu vermeiden und anderen zu überlassen. Zu guter Letzt finden Sie noch eine übersichtliche Auflistung der 12 größten *Affiliate*-Marketing-Netzwerke und bekommen eine Checkliste für Ihren perfekten Start an die Hand.

So wird es Ihnen nach dem Lesen dieser Lektüre mit Leichtigkeit gelingen, die Grundlagen des *Affiliate*-Marketings zu verstehen, richtig auf Ihr eigenes Geschäft anzuwenden, und dadurch ein Mehr an Freiheit und Lebensqualität zu gewinnen.

2. Die Grundlagen des Affiliate-Marketings

Dank digitaler Medien und vor allem des Internets ist heute im World Wide Web Vieles wesentlich einfacher möglich, als noch vor 20 Jahren. Wer das Internet daher nur als bloßen Zeitvertreib oder für die einfache Onlinerecherche benutzt, der verschwendet ungenutztes Potenzial. Denn mit der Digitalisierung haben es viele Einzelpersonen und Unternehmer geschafft, sich ein ortsunabhängiges, online gestütztes Geschäftsmodell aufzubauen.

So ist es wenig verwunderlich, dass immer mehr Menschen auf die Idee kommen, sich nach Möglichkeiten des *Onlinegeldverdienens* umzuschauen und sich diese zunutze zu machen. Mehr oder minder seriöse Angebote locken dabei leider mit Versprechungen von „*bis zu 1.000 Euro an einem Tag*", ohne selbst arbeiten zu müssen oder auch nur einen Finger krumm zu machen.

Um eines gleich vorweg klarzustellen: *Affiliate*-Marketing ist ein grundsolides Geschäftsmodell, welches Sie nicht über Nacht reich machen wird und auch jede Menge Ihrer kostbaren Zeit und Arbeit erfordert. Zumindest am Anfang. Schwarze Schafe gibt es in jedem Geschäftsmodell. Es liegt an Ihnen, deren Seriosität einzuschätzen. In diesem Buch bekommen Sie die Grundlagen vermittelt, die Sie benötigen, um das Geschäftsmodell zu verstehen und richtig anzuwenden. Alles, was Sie anschließend nur noch tun müssen, ist das Wissen richtig anzuwenden.

2.1 Was ist Affiliate-Marketing?

Affiliate-Marketing oder auch *Performance based Marketing* basiert auf dem Prinzip der Vermittlungsprovision und beschreibt die Kooperation zweier Teilnehmer im Internet. Das Thema irrt beinahe schon so lang im Internet umher, wie es das World Wide Web gibt. Im Wesentlichen bezieht sich der Begriff auf die gegenseitige Geschäftsbeziehung zwischen einem Produkthersteller und seinem Werbepartner.

Diese Teilnehmer werden *„Affiliate"* sowie *„Merchant"* genannt und in der Regel durch eine „Vermittlungsstelle", das sogenannte *„Affiliate-Netzwerk"* oder auch *„Affiliate-Service-Providern (ASP)"* zusammengebracht. Der *Affiliate* ist dabei genauer gesagt der Werbepartner, welcher selbst keine eigenen Produkte herstellt, sondern eine Empfehlung für die Produkte und Dienstleistungen eines anderen Herstellers oder Unternehmens ausspricht.

Für die Werbeleistung oder Neukundengewinnung bekommen die Werbepartner anschließend eine Vergütung, wenn durch sie ein Kauf zustande gekommen ist, oder ein vorher festgelegtes Ziel erreicht wurde. (*Zum Beispiel Newsletter abonnieren, E-Mail-Adresse eintragen, kostenloses Herunterladen von E-Books, Facebook-Seite des Unternehmens „liken"*, usw.).

Dieses Modell nutzen Zeitungsverlage, Versicherungen und Banken schon seit Jahrzehnten. Bei ihnen heißt es mitunter „Kunden werben Kunden", es ist im Kern jedoch das Gleiche:

Die Produkthersteller erreichen durch die Werbetreibenden eine höhere Kundenanzahl und die Werbetreibenden erhalten dafür eine prozentuale oder fixe Umsatzbeteiligung.

2.2 Was ist ein Merchant?

Affiliate-Marketing findet heutzutage für gewöhnlich im Internet statt. Ein *Produkthersteller,* auch *Merchant* (engl. *merchant = Händler, Verkäufer*) oder *Advertiser* (engl. to *advertise = werben*) genannt, ist ein Hersteller, der seine Angebote, Produkte und / oder Dienstleistungen im Rahmen eines *Affiliate*-Marketings über die Webseiten ausgewählter *Partner* anbietet und vertreibt.

Ein *Merchant* kann unter anderem eine einzelne Person, ein Unternehmen oder eine Organisation sein. Diese nutzt die mediale Reichweite ihrer *Vertriebs- und Werbepartner* und vergütet deren Werbeleistung in Form einer Vermittlungsprovision.

Der *Merchant,* oder *Produkthersteller* stellt meist auch gleich speziell auf die Produkte und Dienstleistungen abgestimmtes Werbematerial in Form von Produktbeschreibungen, Bildern und Texten zur Verfügung, welche vom werbetreibenden Marketingpartner genutzt werden können.

Der *Advertiser*, *Merchant* oder *Affiliate-Programmbetreiber* vertreibt seine Angebote in der Regel auch direkt selbst, nutzt aber zusätzlich die Werbe- und Vertriebsmöglichkeiten durch *Affiliates*.

2.3 **Was ist ein Affiliate?**

Der ausgesuchte Marketingpartner der *Merchants* wird *Affiliate* (engl. *affiliate = Geschäftspartner*; *to affiliate = herleiten, zuschreiben*) genannt und bewirbt die Produkte und / oder Dienstleistungen der *Merchants*. Er stellt im *Affiliate*-Marketing die Gegenseite zum herstellenden Unternehmen dar und wird mitunter auch als *Publisher* (engl. *to publish = veröffentlichen*) bezeichnet. *Affiliates* erhalten für jeden erfolgreich vermittelten Kauf eine anteilige oder feste Provision.

Er betreibt die Website, auf der die Werbung geschaltet wird oder hat im Internet auf einer Plattform wie Facebook, YouTube, Instagram oder Snapchat eine Gefolgschaft, die ihm und seinen Empfehlungen Gewicht beimisst.

Dabei erstellen oder erhalten *Publisher* / *Affiliates* einen *Empfehlungslink* oder *Affiliate-Link* in Form von vorher festgelegten Kampagnen und anderer Werbemittel des Partners. Diesen platzieren sie auf ihrer eigenen Website oder in ihren Social-Media-Kanälen. Klickt ein Kunde auf diesen Link, ist eindeutig zurück verfolgbar, wer ihn „geschickt" hat. Der Link ist mit entsprechenden Parametern ausgestattet, und so kann der *Affiliate* / *Publisher* eindeutig vom *Merchant* identifiziert werden, und erhält daraufhin die vorher ausgehandelte Provision gutgeschrieben.

In diesem Sinne ist ein *Affiliate* nichts anderes, als ein einfacher Vermittler, der die Schnittstelle zwischen Kunden und Verkäufern schließt. *Affiliates* und *Merchant* sind dabei beides Teilnehmer an sogenannten *Partnerprogrammen*.

2.4 Was sind Partnerprogramme und Affiliate-Netzwerke?

Ein *Affiliate-Netzwerk* können Sie sich wie eine Art Partnerbörse oder einen Marktplatz vorstellen, auf dem die Unternehmen mit ihren Partnerprogrammen und die Werbenden mit ihrer Vertriebs- und Werbeabsicht zusammenfinden.

Ein *Partnerprogramm* oder *Affiliate-Programm* ist dabei die spezielle Vertriebslösung der Hersteller und beschreibt die Möglichkeit einer Marketingkooperation zwischen dem *Merchant* und dem *Affiliate*. Der Partnerprogrammanbieter ist daher in der Regel immer das kommerzielle Unternehmen. *Merchant* oder *Advertiser* und der Partnerprogrammnehmer ist der gewerbliche oder private Werbetreibende (*Affiliate* oder *Publisher*).

Im Partnerprogramm sind meist alle Bedingungen für eine erfolgreiche Vermittlung und Vergütung detailliert geregelt. Zudem werden darin die Werbeangebote, Produkte, Dienstleistungen, Texte, Inhalte oder sogar ganze Webshops und Partnerwebsite-Bausteine zur Verfügung gestellt.

Partnerprogramme, die Verkäufer (*Merchants*) im Internet anbieten, werden in öffentlichen *Affiliate* Netzwerken gesammelt. Das Netzwerk hat dabei die Funktion, alles, was zur Ausführung und Abrechnung der Empfehlung, Vermittlung und Provisionszahlung notwendig ist, zu protokollieren. Dazu liefern die Netzwerke in der Regel auch noch die technischen Rahmenbedingungen für die Abwicklung sämtlicher Transaktionen.

Der *Merchant* stellt alle relevanten Informationen zu seinem Partnerprogramm ein und zahlt für den Service der Netzwerke in der Regel auch eine Gebühr. *Affiliates,* als Werbende, finden die Informationen der verschiedenen Provisionsprogramme übersichtlich aufbereitet, können in ihren Partnerprogrammen Rabattcodes generieren, Statistiken aufrufen und werden vom Netzwerk letztendlich auch bezahlt.

2.5 Anfänge des Affiliate-Marketings

In den frühen Tagen des *Affiliate-Marketings* beschränkten sich die *Partnerprogramme* im Internet in erster Linie auf die Website Amazon.com und sein *Associates-Programm.*

Bis heute hält sich der Mythos wacker, dass der Amazon Gründer Jeff Bezos als Erfinder des *Affiliate*-Marketings gilt. Er soll diese Vertriebs- und Werbemöglichkeit auf einer Cocktailparty erfunden haben. Tatsächlich gab es allerdings schon vor dem *Amazon PartnerNet*, beziehungsweise dem *Amazon Associates Program* ähnliche *Affiliate*-Programme. Mitte der 90er-Jahre betrieben bereits einige Erotikwebseiten in den USA ein paar vergleichbare *Affiliate*-Programme, mit denen sie Kunden vergüteten, die weitere Neukunden zur Anmeldung bewegen konnten.

Die Geschichte, der Amazongründer wäre allein für die Entstehung des *Affiliate*-Marketings verantwortlich, liest und hört man immer wieder in einschlägiger Fachliteratur. Wenn man Experten befragt, war Bezos demzufolge zu Gast auf einer Cocktailparty und unterhielt sich dort mit einer Frau, die eine Website zum Thema Ehe, Partnerschaft und Scheidung betrieb.

Die Dame soll Bezos im Verlauf des Gesprächs daraufhin angeboten haben, Bücher zu eben diesen Themen auf ihrer Website vorzustellen und auf den Amazonshop zu verweisen. Als Gegenleistung forderte sie eine Vertriebsprovision vom Amazongründer. Nach dieser Idee soll er mit Amazon Associates das weltweit erste *Affiliate*-Programm der Welt entwickelt und 1996 gestartet haben.

Das ist so nicht ganz richtig. Nicht von der Hand zu weisen ist zwar, dass Amazon heute zweifelsohne das größte *Affiliate*-Programm der Welt betreibt und korrekterweise zu den Pionieren dieser Branche gehört. Auch hat Amazon mit seinen technischen Entwicklungen, Vergütungsarten und Werbemitteln einen großen Teil dazu beigetragen, dass das Thema *Affiliate*-Marketing auch im Mainstream bekannt und akzeptiert wurde.

Nichtsdestotrotz gab es bereits vor Amazons Start 1996 eine überschaubare Anzahl an *Affiliate*-Programmen. Das erste kommerzielle Programm wurde bereits 1994 von Jason and Matthew Olim in ihrem Shop, CDNow eingeführt. Sie boten im Rahmen des BuyWeb Programs Besitzern von Musikseiten die Möglichkeit an, über Banner und Textlinks direkt in ihren Shop zu verlinken und dafür eine anteilige Provision bei erfolgreichen Verkäufen zu bekommen.

Nicht nur CDNow startete bereits zwei Jahre vor Amazon ein eigenes *Affiliate*-Programm. Auch Unternehmen, wie PC Flowers & Gifts.com, AutoWeb.com, Kbkids.com und EPage entwickelten eigene Programme, bereits in den Jahren, bevor Amazon als Big Player die Bühne betrat.

Amazon wird dennoch für immer als Erfinder des *Affiliate*-Marketings in die Geschichtsbücher eingehen, denn zum einen ist die Website wesentlich bekannter, und zum anderen hat der Konzern 1997 ein Patent auf die essentiellen Komponenten (zum Beispiel das Tracking) eines *Affiliate*-Programms angemeldet.

Während Amazon.com mit seinem Associates-Netzwerk-Modell beziehungsweise PartnerNet-Programm fortfuhr, haben sich auch viele andere aufgemacht, und eine eigene breite Palette von *Affiliate*-Programmen auf die Beine gestellt. Die Popularität von *Affiliate*-Marketing-Programmen und deren Wachstum ist innerhalb kürzester Zeit explodiert. Das Bewerben anderer Dienstleistungen und Produkte ist jetzt schon zu einer bedeutenden Komponente des Internets geworden, von dem Hunderttausende Menschen ein mehr als erträgliches Einkommen erzielen.

Allein in Deutschland gibt es aktuell mehr als 9.000 verschiedene *Affiliate*-Marketing-Partnerprogramme, die Werbewilligen zur Verfügung stehen. Mehr dazu im Kapitel „Ihr Partner Netzwerk“ und „Die 12 größten Partnerprogramm-Netzwerke“.

2.6 Zwei Arten von Abschlüssen

Der Grundgedanke des *Affiliate*-Marketings beruht also auf erfolgreichen Empfehlungen fremder Produkte. In der Regel findet diese Form der Empfehlung visuell und online gestützt, vorrangig auf Webseiten der *Affiliate*-Partner, statt. Neben der klassischen Form, *Affiliate*-Marketing als Publisher über die eigene Website zu betreiben, gibt es aber auch die Möglichkeit, *Affiliate*-Links mittels E-Mail-Marketing (Newsletter) oder über soziale Netzwerke wie Facebook, Twitter und Instagram zu implementieren.

Der Werbetreibende verfolgt damit in der Regel eines der nachfolgenden zwei Ziele:

1.) **Sales**: Ein „*Sale*" ist der klassische Verkauf einer Ware. Dabei ist es egal, ob es sich um physische oder digitale Produkte handelt. Das Unternehmen hat immer das gleiche Ziel: Es will dank *Affiliate*-Marketing seine Verkäufe ankurbeln. Ein *Sale* bezieht sich dabei in der Regel immer auf den *Warenkorbwert* ohne Mehrwertsteuer und Versandkosten. Die Sales-Provision ist also eine Provision auf den *Nettowarenwert.* Hierbei handelt es sich in den allermeisten Fällen um einen **prozentualen Anteil** eines Verkaufs.

2.) **Leads**: Es kann aber auch durchaus möglich sein, dass ein Unternehmen gar nicht auf mehr Verkäufe aus ist. Mitunter will es für einen späteren Zweck zunächst nur eine Vielzahl an Neukunden gewinnen. Das kann in Form einer *Newsletteranmeldung*, eines *Probeabo-Abschlusses*, einer unverbindlichen *Anfrage für ein Beratungsgespräch* oder für *Informationen zum Abschluss eines Mobiltelefonvertrages* sein. Alles, wofür zunächst kein Warenkorb gebraucht wird, fällt in diese Kategorie. Die *Leadprovision* ist dabei zumeist eine **fixe Provision** für eine vorher genau definierte Aktion, ergo eine **Pauschalgebühr**.

2.7 Ist Affiliate-Marketing klassisches Marketing oder Vertrieb?

Was genau ist *Affiliate*-Marketing nun? - Was bereits deutlich wurde ist, dass es sich hierbei um kein Geschäftsmodell zum schnellen Reichwerden handelt. Es ist ganz im Gegenteil eine seriöse Art und Weise, um im Internet Geld zu verdienen und andere Unternehmen durch die eigene Reichweite zu unterstützen. Sie haben bisher gelernt, dass es sich konkret um klassisches Empfehlungsmarketing für Produkte handelt, wie es auch viele alt eingesessene und große Unternehmen seit Jahrzehnten praktizieren.

Die Einteilung in den Bereich des *Marketings* stößt vielen Experten dabei jedoch sauer auf. Einige Fachleute finden eine Klassifizierung im Bereich des *Vertriebs* angemessener. Dabei ist *Affiliate*-Marketing beides: Marketing- und Vertriebsmodell.

a.) Marketing: Es ist ein sehr hilfreiches und effektives Marketinginstrument, weil die Vertriebspartner aktiv Werbung für Produkte, Webseiten und Dienstleistungen betreiben.

b.) Vertrieb: Es ist gleichzeitig aber auch ein Vertriebsinstrument, weil die Unternehmen gezielt mit Vertriebspartnern zusammenarbeiten, die ihnen neue Kunden akquirieren und Umsätze ermöglichen, die so sonst sehr wahrscheinlich nicht zustande gekommen wären. Die Werbetreibenden, *Affiliates* und *Publisher,* sind nichts anderes als klassische Handelspartner. Die Kosten des *Affiliate*-Programms lassen sich von Unternehmerseite daher genauso gut dem *Vertriebsbudget* zuschreiben.

2.8 Was ist Traffic?

Wie deutlich wurde, benötigen Sie zunächst Menschen, die auf Ihrer Website, Ihrem YouTube-Kanal oder Ihrem sonstigen Internetauftritt, auf Ihre angebotenen Produkte, aufmerksam werden und diese Produkte dann über Ihren Empfehlungslink kaufen. Diese Besucher müssen zunächst auf Ihre Website gelangen und werden im Onlinemarketing als „*Traffic*" (engl. *Traffic = Verkehr,* hier: ***Besucherstrom***) bezeichnet. Fehlen Ihnen diese Besucher, so gibt es niemanden, der auf Ihre Empfehlungen aufmerksam wird und der Ihre Angebote wahrnimmt. Dies wiederrum bedeutet für Sie, dass Sie keine Einnahmen generieren würden. Es gibt unzählige mögliche „Trafficquellen", welche Sie nutzen können, um Ihre Reichweite im Internet zu vergrößern. Dazu zählen neben den verschiedenen sozialen Netzwerken (YouTube, Facebook, Twitter, Instagram, Snapchat, Xing, LinkedIn, Tumblr, Pinterest, Reddit uvm.) die Google-Suche, themenspezifische Foren, bezahlte Werbeanzeigen und noch Vieles mehr.

2.9 Was ist die Conversion-Rate?

Was bedeutet es nun aber, wenn Sie es zwar schaffen, viele Besucher auf Ihre Website zu leiten, dort aber nur wenige Ihrer Besucher auch die beworbenen *Affiliate*-Produkte anklicken, und kaufen? - Richtig, Ihnen nützt der meiste Traffic nichts, wenn er sich nicht in barer Münze niederschlägt.

Genau diese ***Umwandlung eines Interessenten, in einen Käufer,*** versteht man im Onlinemarketing als *Conversion.* Die Conversion-Rate beschreibt daher also die Anzahl der Menschen, die Ihrer Empfehlung gefolgt sind und den Partnerlink angeklickt, beziehungsweise das Produkt letztendlich auch gekauft haben.

Wenn beispielsweise von 100 Besuchern fünf Menschen Ihr beworbenes Produkt kaufen, dann haben Sie eine Conversion-Rate von fünf Prozent erreicht. Im Onlinemarketing sind Conversion-Rates von über zwei Prozent als gut zu bezeichnen. Je höher dieser Wert ist, umso besser. Daher ist es wichtig, Ihre Zielgruppe vorher schon so genau wie möglich zu definieren, denn wenn es Ihnen gelingt, weniger Streuverluste zu erreichen, dann können Sie Ihre Anzeigen und Werbemittel effektiver einsetzen und damit letztendlich auch höhere Umsätze erzielen.

2.10 Was ist die Provision?

Die Provision ist der **fixe oder prozentuale Anteil der Umsatzbeteiligung**. Er wird Ihnen vom Dienstleister oder Produkthersteller vergütet, für jeden erfolgreichen Kauf, den Sie vermittelt haben. Bei *physischen Produkten* beträgt die Provision in der Regel nicht mehr als *1-15 Prozent*, da aufgrund der Herstellung und Auslieferung die Kosten für das herstellende Unternehmen deutlich höher ausfallen. Bei digitalen Produkten, wie Videokurse oder E-Books, sind Provisionen von

50 -75 Prozent möglich, da der Anbieter die Produktionskosten nur einmalig hat und der *Affiliate* das gesamte Marketing übernimmt.

Auch eine feste Provision ist bei verschiedenen Vertriebspartnern eine oft genutzte Vergütungsart. So könnten Sie also beispielsweise bei einem Warenkorbwert von 120 Euro, bei einer prozentualen Provision von zehn Prozent, zwölf Euro verdienen. Bei einer fixen Provision von sieben Euro, bekämen Sie jedoch fünf Euro weniger gutgeschrieben. Welches Modell zum Einsatz kommt, entscheidet in der Regel nicht der *Affiliate* selbst, sondern dessen Werbepartner und Produkthersteller.

2.11 Was sind Werbemittel?

Als *Affiliate* kommen Sie nicht ohne Werbemittel aus. Doch was genau sind die Wichtigsten? Dazu zählen typische Vertreter wie *Shop- und Produktbanner,* in Form von Texten und Bildern, welche einfach auf den verlinkten Shop hinweisen oder besser noch dessen aktuelles Angebot bewerben.

Daneben gehören auch animierte Bilder (sogenannte *Gifs*) zu den Werbemitteln, die sich besonders bewährt haben. Nur 25 Prozent der Nutzer surfen aktuell mit einem aktiven Adblocker, welcher die Anzeige von Werbebannern unterbindet. Die restlichen 75 Prozent haben zwar keinen Adblocker aktiv, werden jedoch mit der Zeit unempfänglicher für Bannerwerbung, wenn sie schon eine längere Zeit aktiv im Web surfen. Die sogenannte Bannerblindheit stellt sich ein. Bewegung in Bannern durch animierte Gifs richtet die Aufmerksamkeit der Nutzer zwangsläufig wieder auf die Werbeanzeigen. Und sei es nur dank einer kurzen Bildschirmanimation oder durch rotierenden Text.

Gute Werbemittel zeichnen sich zudem dadurch aus, dass sie zwei Dinge immer enthalten:

1. Die ***Adresse*** (*URL*) des eigentlichen Webshops, damit der User sofort bemerkt, wohin er geführt wird, wenn er den Link anwählt.

2. Einen sogenannten „***Call-to-Action***"-Button. Ein *Call-to-Action* ist eine simple Aufforderung wie „*Jetzt kaufen*", „*Hier klicken*", „*Jetzt den günstigsten Preis finden*", „*Zum Shop*" oder Ähnliches. Dieses banal anmutende Feature erhöht die Klickrate erheblich, denn ohne diese Aufforderung fühlen sich nur ein Bruchteil der Benutzer auch angesprochen beziehungsweise animiert, der Bannerwerbung zu folgen.

Weitere wichtige Werbemittel sind Newslettertemplates und -Grafiken, die Sie in regelmäßigen Abständen von den produktherstellenden Firmen erhalten und an Ihre Mailinglisten und in Newslettern an Kunden verteilen können.

Die wichtigsten Werbemittel sind allerdings die Produktinformationen und -daten, die Sie vom Shopanbieter oder Partnernetzwerk direkt erhalten. Meist als XML oder CSV-Datei, enthalten diese alle relevanten Informationen zu den Produkten des Shops. Von genauen Produktbeschreibungen bis hin zu Bildern, dem Preis und der Verfügbarkeit erhalten Sie alle Daten, die für Sie sowie Ihre Kunden wichtig sind.

Produktdaten werden auf vielen Preissuchmaschinen und Nischenseiten eingesetzt. Eine Nischenseite ist dabei eine Website, die sich speziell mit einer Nische (zum Beispiel „*Zu Hause einen eigenen Pool bauen*") auseinandersetzt, oder verschiedene Tests durchführt (zum Beispiel *Staubsauger Roboter Tests 2017*). Diese „Pseudoshops" arbeiten nicht mit einem eigenen Sortiment oder Warenkorb, sondern nutzen für gewöhnlich das Partnerprogramm von Amazon. Als einer der größten Onlinehändler weltweit, macht Amazon allein in Deutschland 40 Prozent des gesamten Onlinehandels aus. Seit Jahren bietet der Konzern bereits die Möglichkeit an, Produktbanner nach den eigenen Wünschen zu erstellen, auf seiner Website einzubinden und nach seinen Vorstellungen zu individualisieren.

3. Technische Hintergründe

Die technische Abwicklung von Vermittlungen und Verkäufen geschieht in der Regel im Hintergrund. Doch was passiert bei der praktischen Umsetzung des *Affiliate*-Marketings eigentlich konkret? An jedem Kunden, den der Anbieter über den *Affiliate* gewonnen hat, verdient dieser mit. Damit überhaupt Einnahmen zustande kommen können, muss sichergestellt werden, dass das Partnerunternehmen zuverlässig nachverfolgen kann, welcher Verkauf von welchem Partner vermittelt wurde.

Dazu erstellt der *Affiliate* einen speziellen „*Partner-, Empfehlungs- oder Affiliate-Link*", der einen eindeutigen „*Trackingcode*" enthält und ausgelöst wird, wenn seine Kunden ein Produkt auswählen und darauf klicken. Den entsprechenden Empfehlungslink bekommt der *Affiliate* entweder direkt vom Produktanbieter selbst. In den meisten Fällen haben sich jedoch sowohl *Affiliate* als auch Produktverkäufer in einem *Affiliate*-Netzwerk oder Partnerprogramm angemeldet. Dort stellt der Produktanbieter alle Informationen ein, und für den *Affiliate* zur Verfügung.

Dieser Link ist eindeutig, und durch ihn lässt sich durch das Partnernetzwerk genau zurückverfolgen, wer ihn erstellt oder übermittelt hat. In diesem „*Trackingcode*" ist ein sogenanntes „*Cookie*" enthalten, welches der Benutzer beim Klick auf das Werbemittel bekommt. In diesem Cookie werden neben der *Publisher-ID* auch die *unique generierte Bestellnummer* und der *Nettowarenwert* übermittelt, damit der

Sale / Lead fehlerfrei an das Netzwerk übergeben wird. Über die Publisher-ID im Cookie ist es jederzeit möglich, den Webseitenbetreiber eindeutig zu identifizieren.

Cookies werden auf dem Rechner des Nutzers gespeichert und erlauben es auch, dass der Kunde nicht sofort nach dem Klick kaufen muss. Je nach eingestellter Cookie-Laufzeit hat der Interessent zwischen 30 und 60 Tagen Zeit. Einige Cookies haben sogar eine unbegrenzte Laufzeit und werden erst inaktiv, wenn sie durch ein anderes Cookie ersetzt oder manuell gelöscht werden. Die Cookie-Laufzeit ist allerdings nur ein zusätzliches Mittel, das Partnerprogramm für Publisher attraktiv zu gestalten.

Statistiken haben ergeben, dass bereits 80 - 90 Prozent aller Sales und Leads während der *Session* erzeugt werden. Eine *Session* (engl. session - die Sitzung) dauert so lange, wie ein Besucher auf der Website surft und bis er das Browserfenster wieder schließt. Experten fanden weiterhin heraus, dass von den übrigen 10 - 20 Prozent nur noch etwa 8 Prozent aller Sales in den nachfolgenden Stunden zustande kommen. Nach zwei und mehr Tagen wird schließlich nur noch ein verschwindend geringer Bruchteil der Sales und Leads generiert.

Aktuell bildet das *Cookie-Verfahren* 99 Prozent des gesamten Umsatzes im *Affiliate*-Marketing ab. Daneben gibt es Spezialformen, wie das *Session- oder Baskettracking*, die meist jedoch neben oder zusätzlich zum *Cookie-Tracking* eingesetzt werden. Darüber hinaus gibt es noch weitere Sonderformen, wie etwa das *Retargeting* und *Pretargeting*, von denen Sie im Kapitel „Retargeter und Pretargeter" noch mehr erfahren werden. Durch *High Traffic Landingpages* und *Cookie-* oder

Trackingweichen kann die Sache technisch weiter verkompliziert werden. Sie, als Anfänger, sollten sich jedoch weniger um die technische Umsetzung kümmern, welche in der Regel im Hintergrund abläuft und zumeist von den Partnernetzwerken übernommen wird, sondern sich mit dem Ausbau Ihrer Zielgruppe und Ihrer Onlinereichweite beschäftigen.

4. Wie funktioniert gutes Affiliate-Marketing genau?

4.1 Was zeichnet einen guten *Affiliate* aus?

Ein guter Werbepartner müllt das Postfach seiner Besucher nicht stumpf mit unerwünschten Werbe-E-Mails zu. Er schreibt unterdessen besser fundierte Blogbeiträge, gibt jede Menge Fachwissen kostenfrei heraus, und setzt sich im Bestfall tatsächlich aktiv mit seinen Besuchern in den Kommentaren sowie den vorgestellten Produkten, auseinander. Auch liefert er ausreichend gute Gründe, warum sich ein Interessent gerade für den Kauf dieses vorgestellten Produktes entscheiden sollte.

4.2 Produktauswahl

Ein guter *Affiliate* ist von der Qualität der beworbenen Produkte selbst überzeugt. Er sollte nur Produkte verkaufen, die er guten Gewissens auch privat an Freunde und Bekannte empfehlen kann. Auch, wenn er das angebotene Produkt nicht selber verkauft, sondern sein Partner und Hersteller, macht er immerhin aktiv Werbung dafür. Ein, an nachhaltigen und langfristigen Kundenbeziehungen interessierter *Affiliate*, achtet daher stets darauf, dass seine Kunden zufrieden sind.

Das erreicht er, indem er Produkte und Dienstleistungen mit einem guten Preis-Leistungs-Verhältnis auswählt, die seinen Käufern das

Gefühl geben, eine richtige Kaufentscheidung getroffen zu haben. Natürlich kann im Grunde jedes Produkt via *Affiliate*-Marketing beworben und verkauft werden. Die erfolgreichsten *Affiliates* sind jedoch diejenigen, die auch selber zu 100 Prozent hinter ihren angebotenen Produkten stehen.

4.3 Informationsbereitstellung

Außerdem sollte ein guter *Affiliate* stets genau über seine beworbenen Angebote Bescheid wissen. Es genügt nicht, ein Produkt lediglich nur zum Verkauf anzubieten, um damit einige Euro zusätzlich zu verdienen. Liefern Sie Ihren Kunden einen Mehrwert, der Sie von der Konkurrenz abhebt. Wenn Sie nichts völlig Einzigartiges oder gänzlich Neues bewerben und verkaufen, so kann Ihr Käufer jederzeit auch zur Konkurrenz wechseln. Informieren Sie ihn daher authentisch, offen, ausführlich und ehrlich darüber, was Sie verkaufen. Ein guter *Affiliate* stellt stets genügend Informationen über die vermarkteten und beworbenen Produkte und Links zur Verfügung, und kann auch auf Rückfragen kompetent antworten.

Um all das zu gewährleisten, ist es oft besser, wenige Produkte anzubieten, sich konkret in einem Thema zu positionieren, um diese Themen dafür jedoch dann erfolgreich zu *dominieren*. Bei einer zu großen Auswahl an lieblos ausgewählten Produkten, verlieren nicht nur Ihre Kunden rasch das Interesse und entscheiden sich schnell für einen Konkurrenten, der den Mehrwert des Kunden und nicht seine eigene Gewinnmaximierung in den Fokus stellt.

4.4 Kommunikation

Affiliates müssen daher auch sehr kommunikativ sein, und im Bestfall im engen Kontakt mit ihren Besuchern stehen, falls diese eine Frage haben. Sie dürfen sich auch nicht davor scheuen, E-Mails oder Kommentare mit Fragen ihrer Nutzer zu beantworten, und per Kontaktformular auf ihrer Website für Anregungen zur Verfügung zu stehen, beziehungsweise einen kompetenten Ansprechpartner anzubieten.

Ein Bonus für besonders engagierte *Affiliates* ist es, sprachlich bewandert zu sein. Liegen Ihnen Sprachen sehr, so können Sie über Ihren eigenen Tellerrand hinausblicken. Ein Großteil der Umsätze wird immer noch in Übersee und im englischsprachigen Raum gemacht. Wenn Sie über einen breiten Wortschatz verfügen und sich flüssig, sachlich und detailliert in einer anderen Landessprache ausdrücken können, so öffnen sich für Sie noch völlig neue Perspektiven und Türen.

Viele Videokurse sind bisher nur in den USA verfügbar und erreichen dort ein großes Publikum. Wenn Sie in der Lage sind, mit internationalen Kunden problemlos zu kommunizieren, so ergeben sich für Sie noch einmal völlig neue Möglichkeiten der Zusammenarbeit.

4.5 Analytisches Denken

Ein guter *Affiliate* hat zudem seine Zahlen, Analysen und Ergebnisse im Blick. Wenn es darum geht, als *Affiliate* zu arbeiten, dann sollten Sie stets Aufwand und Nutzen in Relation stellen. Zahlen und Daten begleiten den *Affiliate* daher täglich, um die verschiedenen Provisionen und Vergütungsmodelle im Überblick zu behalten.

Analytisches Denken und das Verstehen größerer Zusammenhänge ist genauso von Vorteil, wie Ihre langfristige, strategische Konzeptausrichtung. Schließlich verfolgen Sie mit Ihren Unternehmungen ein Ziel, und versuchen nicht nur einen Mehrwert für Ihre Kunden zu bieten, sondern auch von den Erträgen und Einnahmen Ihren Lebensunterhalt zu bestreiten, oder zumindest ein lukratives Zusatzeinkommen zu erzielen, welches Ihren Zeit- und Arbeitsaufwand rechtfertigt.

4.6 Tools

Neben analytischem Denken stellt die Arbeit mit Tools und Software für wirklich gute *Affiliates* keine Hürde dar. Erfolgreiche *Affiliates* arbeiten täglich mit diversen Onlinetools und

-Werkzeugen, die ihnen die Arbeit erleichtern und automatisiert. Ebenso kennen sie die neusten Entwicklungen in der Onlinemarketing-Branche und knüpfen regelmäßig an ihr bereits erlerntes Wissen an. Sie profitieren von ihren bereits gemachten Erfahrungen im Onlinemarketing, tauschen sich mit anderen Marketern aus und bilden sich regelmäßig fort.

5. Welche Fehler sollten Sie besser anderen überlassen?

5.1 Schlechten Service anbieten

Nicht nur online wird ein schlechter Service vier Mal häufiger kritisiert, als ein guter Service positiv hervorgehoben wird. Sicher kennen Sie das auch, dass Sie sich schon das eine oder andere Mal im Freundes- und Bekanntenkreis über eine schlechte Dienstleistung aufgeregt haben. Menschen teilen häufiger ihre schlechten Erfahrungen als ihre Guten. Wie schon im Kapitel „Kommunikation" deutlich wurde, ist Kommunikation sehr wichtig für Ihre *Affiliate*-Tätigkeit. Eine lange Wartezeit und schlechte Erreichbarkeit wirkt sich deutlich Gewinn mindernd auf Ihr Geschäft aus. Die goldene Regel der Kommunikation lautet daher: Lassen Sie eine Anfrage oder E-Mail nicht länger als 24 Stunden unbeantwortet.

Zu gutem Support gehört nicht nur eine schnelle Reaktionszeit, sondern auch ein eigenes Postfach oder eine Supporthotline / Telefonnummer, unter der Kunden Ihnen eine Anfrage stellen können. Jedoch auch Ihre Arbeitszeit ist begrenzt. Wenn Ihre Zeiteinteilung es nicht hergibt, auf alle Kundenanfragen noch selbst zu reagieren, Sie aber auch keinen externen Support über eine Agentur beschäftigen können oder wollen, so halten Sie sich an die 80/20 Regel des Paretoprinzips: 20 Prozent Ihrer Kunden generieren 80 Prozent der Einnahmen. Diese Kunden sind für Sie unverzichtbar, und diesen bieten Sie einen regelmäßig zur Verfügung stehenden Support, rund um die Uhr, an. Die restlichen Kunden unterstützen Sie über Standardmaßnahmen, wie automatisch generierte Antworten auf die häufigsten Fragen, Newsletterkommunikation und E-Mail-Support. Schicken Sie in jedem Fall immer eine automatisierte Antwort auf eingehende Anfragen raus, in der für den Kunden ersichtlich wird, wie schnell sein Anliegen in der Regel beantwortet wird. Das schafft Vertrauen, vermeidet doppelte Maileingänge und wirkt wesentlich professioneller.

5.2 Spam senden

Sie haben nun erfahren, dass Kommunikation wichtig ist. Das stimmt. Aber nur so lange, wie sie auch relevant ist. Ihre Kunden bekommen täglich sehr viele E-Mails und noch viel mehr Newsletter. Beachten Sie deshalb den Grundsatz: Wenn Sie nichts zu sagen haben, dann lassen Sie es sein! Bewerben Sie wirklich nur Topaktionen und nutzen Sie diverse Kommunikationstools, um Ihre Kunden und Besucher über spezielle Sonderaktionen zu informieren. Greifen Sie auch auf Automatismen zurück oder integrieren Sie Inhalte direkt auf Ihrer Webseite. Ein gutes Beispiel dafür sind Gutscheine, welche Sie über Plug-Ins und Webtools schnell verbreitet und integrieren können, ohne Ihre Zielgruppe zu nerven. Wenn Sie nicht wollen, dass Ihr Newsletter ungelesen gelöscht wird, so verschickten Sie nur wirklich relevante Informationen, fassen Sie sich kurz und nutzen Sie ansonsten Ihre Social-Media-Profile, auf denen Ihnen Menschen für kurzfristige oder weniger relevante Updates folgen können.

5.3 Unehrlich sein

Die Welt ist groß, doch gerade in der Welt des Onlinemarketings ist die Welt sehr klein. *Affiliate*- Marketing und das Bewerben von Produkten basiert hier auf Vertrauen. Nicht umsonst wird von *Affiliate*-„Partnern“ oder „Partnerprogrammen“ gesprochen. Gerade deshalb sollten die Regeln einer partnerschaftlichen Zusammenarbeit auch hier gelten. Dazu gehören ein ehrliches Auftreten und eine wertschätzende Grundhaltung. Sowohl gegenüber potenziellen Kunden als auch gegenüber den Merchants.

Gerade Unhöflichkeit, Unfairness und Unehrlichkeit führen schnell zu Misstrauen beim Kunden. Und auch gegenüber den Merchants sollten *Affiliates* einen ehrlichen Auftritt wahren. Denn am Ende des Tages sind beide voneinander abhängig. Der Merchant bestätigt die vom *Affiliate* generierten Bestellungen. Der *Affiliate* muss dem Ganzen vertrauen, und hat keine Möglichkeit, die Richtigkeit der Bestätigungen zu überprüfen.

Fairness ist hier das entscheidende Stichwort. Sollte sich ein Partnerprogramm absichtlich auf Kosten seiner *Affiliate*-Partner einen unlauteren Vorteil verschaffen, indem es dessen Unwissenheit ausnutzt oder regelwidrig handelt, so spricht sich das sehr schnell herum, und ruiniert den Ruf und das Image des Partnerprogramms nachhaltig. Kein *Affiliate* nimmt finanzielle Risiken von Merchants auf sich, wenn er diese als unfair, respektlos oder unhöflich erlebt hat. Andersherum kann ein *Affiliate* jederzeit von der Nutzung eines Partnerprogramms ausgeschlossen werden, wenn dieser sich den Bedingungen widersetzt oder absichtlich gegen diese verstößt. Die Spielregeln gelten daher für *Affiliates* und *Merchants* gleichermaßen.

5.4 Uneinheitlich auftreten

Als *Affiliate*, haben Sie die Möglichkeit, verschiedene Webseiten zu betreiben. Stets stehen Sie im Impressum mit Ihrem Namen für die Inhalte dieser Webseiten ein. Dabei ist zu beachten, überall, auf Ihren Fanseiten und Social-Media-Kanälen, oder auf Ihren Webseiten die gleiche, einheitliche Sprache zu sprechen. Sie treten als „Marke" oder als „Instanz" auf, die anderen eine Empfehlung gibt. Ihre Kommunikation an die enorme Vielzahl der Kunden sollte daher widersprüchliche Aussagen oder unterschiedliche Informationen zum selben Thema vermeiden. Dies kann sehr leicht zu Verwirrungen oder harten Falschinformationen bei Ihren Kunden führen, und hat zum Ergebnis nur Ihre eigene Unglaubwürdigkeit. Geben Sie daher auch niemals gleichzeitig Gutscheine in verschiedenen Höhen an unterschiedliche Kunden heraus. Wenn Sie Preise „Splittesten" wollen, tun Sie das stets nacheinander, um keine Kunden zu verärgern und für immer zu verlieren. Denn Sie wissen, eine schlechte Kundenexperience spricht sich vier Mal so häufig rum, wie eine Positive, und schadet am Ende nur Ihrem Image selbst. Und niemand macht sich schnell so unglaubwürdig, wie jemand, der Woche für Woche einen neuen BESTEN Staubsaugerroboter kürt.

5.5 Ihre Konkurrenz unterschätzen

Wie bereits erwähnt, sollten Sie sich regelmäßig weiterbilden und den *Affiliate*-Markt ständig überwachen. Was machen Ihre Konkurrenten anders? Was machen diese besser? Womit haben sie Erfolg? Was ist deren Kundenprofil und Zielgruppenausrichtung? Wie können Sie das auf Ihre Unternehmungen anwenden?

Bedenken Sie stets: Der *Affiliate*-Markt ist riesig und Ihre Konkurrenz schläft nicht. Ganz im Gegenteil. Veränderungen in dem Bereich bedeuten oftmals große Chancen. Und wie Sie bereits erfahren haben: „Die Schnellen fressen die Langsamen".

Schließt ein Konkurrent seinen Webauftritt oder richtet ihn anders aus, so sollten Sie das ganz genau beobachten und hinterfragen. Was könnten die Gründe dafür sein? Wie könnten Sie, als *Affiliate,* die frei gewordenen Werbeplätze für sich und Ihre Zielgruppe nutzen? Beobachten Sie zudem auch ganz genau die Entwicklung der Partnerprogramme. Muss ein Programm aufgrund zu geringer Margen seine Pforten schließen oder die Provisionszahlungen senken, lohnt es sich eventuell, das Partnerprogramm zu wechseln. Andere Programme könnten höhere Provisionen anbieten oder wechselwillige *Affiliates* mit Bonuszahlungen locken.

6. Welche Vor- und Nachteile gibt es?

Wenn Sie die Vorstellung noch immer fasziniert, im Internet Geld zu verdienen, dann haben Sie sicher im Verlauf des Buches schon festgestellt, dass *Affiliate*-Marketing für Sie eine durchaus interessante und lukrative Möglichkeit sein könnte, um ein attraktives Zusatzeinkommen zu generieren. Es gibt kaum eine einfachere und kostengünstigere Alternative, sich von zu Hause aus selbstständig zu machen und online Geld zu verdienen. Doch der Reihe nach:

Um im Internet Geld zu verdienen, gibt es im Grunde zwei mögliche Wege: Der Erste ist fast so alt wie das Internet selbst, und Ihnen sicher durch Amazon, eBay oder andere Handelsplattformen bereits bekannt: Sie verkaufen ein Produkt oder eine Dienstleistung, welche Sie entweder selbst hergestellt oder erworben haben. Der zweite Weg ist, Sie bewerben oder verkaufen die Produkte anderer Unternehmen und lassen sich für Ihre Werbeaufwendungen in Form einer Umsatzbeteiligung (Provision) bezahlen.

Der größte Vorteil ist tatsächlich darin zu sehen, dass Sie keine großen Investitionssummen befürchten müssen, wie es etwa der Fall wäre, wenn Sie ein Onlinehandelsunternehmen oder einen stationären Gewerbebetrieb eröffnen, und für mehrere Tausend Euro erst Waren und Betriebseinrichtungen kaufen müssten. Auch für die herstellenden Unternehmen ergeben sich einige Vorteile, welche nun im Detail erörtert werden.

6.1 Vorteil für das herstellende Unternehmen

6.1.1 Keine Werbekosten und Streuverluste

Henry Ford sagte einmal: „Die Hälfte des Werbebudgets ist immer umsonst ausgegeben. Man weiß nur leider nicht, welche". Seit der Digitalisierung trifft dieses berühmte Zitat zwar noch immer auf klassische Werbekanäle zu, nicht jedoch aber für das *Affiliate*-Marketing. Denn dank des Performanceprinzips sorgt ein erfolgsabhängiges Provisionsmodell dafür, dass kein Euro fehlinvestiert beziehungsweise vorher unnötig ausgegeben wird. Im *Affiliate*-Marketing entstehen quasi für den Unternehmer keine Streuverluste, da die Werbung für seine Produkte kostenlos geschieht, und er nur für die tatsächlich zustande gekommenen Verkäufe zahlt.

Affiliate-Marketing stellt demnach eine sehr risikoarme Vermarktungsmöglichkeit für Unternehmen dar. Sie können die Reichweite einer Vielzahl von Partnern und deren Webseiten quasi zunächst kostenlos nutzen, um Ihre Produkte und Dienstleistungen zu bewerben. Im Erfolgsfall ergibt sich für beide Seiten eine Win-win-Situation. Das Unternehmen erzielt mehr Verkäufe und damit höhere Umsätze, die ohne den Werbenden gar nicht zustande gekommen wären. Und der Werbende ist bemüht, diese Verkäufe durch sein aktives Werben zu ermöglichen, da er selbst einen Vorteil in Form einer Vergütung dadurch hat. Somit muss der Unternehmer für die Werbekosten nicht in Vorkasse treten, was eine deutlich risikoärmere Finanzierungsplanung ermöglicht. Der *Affiliate* bezahlt sich quasi (durch die geworbenen Kunden) selbst.

6.1.2 Themenrelevante Zielgruppe

Für das Unternehmen ergibt sich zudem ein weiterer unschätzbarer Vorteil. Die Produkte werden häufig auf möglichst themenrelevanten Websites angepriesen, was neben der Reduzierung der Streuverluste auch gezielte Kundenansprachen ermöglicht. Die „targetierte Zielgruppe" ist so von vornherein jene, die sich für Produkte und Angebote des Unternehmens besonders zu interessieren scheint, und somit als Werbegruppe hoch relevant ist. Werbetreibende Unternehmen nutzen die zielgruppenaffinen Webseiten ihrer Partner so vor allem als Möglichkeit des direkten Onlinevertriebs. Auf diese Weise können sich die Unternehmen schnell und einfach ein virtuelles Vertriebsnetzwerk aufbauen, in dem ihre Produkte zielgruppenorientiert präsentiert werden. Die Publisher-Seiten stellen für Hersteller damit Erfolg versprechende Werbeflächen dar, um ihre Angebote sehr zielgerichtet einem werberelevanten Publikum vorzustellen.

6.1.3 Vergrößertes Vertriebsnetzwerk

Durch die Masse an voneinander unabhängigen Werbepartnern ergibt sich der Zugriff auf ein wesentlich größeres Vertriebsnetzwerk, als dem Unternehmen unter normalen Umständen zur Verfügung stehen würde. Für das Unternehmen entsteht daraus der Nutzen, sich kostenlos ein breiteres Vertriebsnetz aufzubauen, indem es nur dann zahlen muss, wenn eine Vermittlung und damit ein Verkauf auch tatsächlich zustande kommt. Auch dadurch erreichen Firmen insgesamt mehr Verkäufe, ohne Vertriebsmitarbeiter zu beschäftigen oder vorher in Vorleistung gehen zu müssen, wie dies bei klassischen Vermarktungswegen der Fall wäre.

6.2 Vorteile für den Affiliate

6.2.1 Frei und selbstbestimmt arbeiten

Kennen Sie die Geschichte, in der der Chef mit einem neuen Sportwagen vorfährt und zum Angestellten sagt: „Wenn Sie sich nur RICHTIG anstrengen, hart arbeiten, Überstunden machen und sich für keine Arbeit zu schade sind, dann habe ich nächstes Jahr den Zweiten!"

Diese Geschichte bringt auf humorvolle Weise auf den Punkt, was viele Angestellte nicht mehr wollen: Ihre Zeit und Arbeitskraft für die Ziele eines anderen zu investieren. Wenn Sie daher viel lieber an der Realisierung Ihrer eigenen Ziele arbeiten wollen, so kann *Affiliate*-Marketing eine Möglichkeit dazu sein. Es kann Ihnen, als *Affiliate,* gelingen aus Ihrem Alltag auszubrechen, frei und selbstbestimmt zu arbeiten und dadurch insgesamt glücklicher zu leben.

Sie können sich sowohl selbst Ihre Nische als auch die Produkte frei aussuchen, die Sie vermitteln möchten. Anders, als bei einer klassischen Vertreterposition, müssen Sie sich nicht auf ein Produkt oder eine Zielgruppe beschränken. Es gibt nahezu zu jedem Thema das passende Produkt, was sich bewerben lässt. So können Sie das Thema auswählen, welches Ihnen persönlich am meisten Spaß bereitet und Sie wirklich interessiert. Auch bei der Wahl der Werbepartner und Auftraggeber können Sie völlig frei entscheiden und aus einem reichhaltigen Angebot die besten Konditionen für sich auswählen.

6.2.2 Abwechslungsreich

Daneben ist der Job als Empfehlungsmarketer kein langweiliger Angestelltenjob. Die Arbeit im Internet ist einem ständigen Wandel unterworfen, es gilt sich stets weiterzubilden, immer wieder Neues dazu zu lernen, und so zu den Gewinnern der digitalen Revolution zu gehören.

Gerald Hörhan sagte: „Ein verrückter Hacker, der Gras raucht und jetzt vielleicht noch Sozialhilfeempfänger ist, kann morgen schon zur Elite gehören. Wohingegen einem digitalen Bummler mit einer klassischen Eliteausbildung, der Abstieg in eine untere Schicht droht. Statussymbole von morgen sind immer weniger Titel und schnelle Autos, sondern beispielsweise die Zahl der Follower, die jemand in den sozialen Netzwerken hat. Wer es 2017 nicht geschafft hat, mindestens 5.000 Follower hinter sich aufzubauen, der hat die digitale Revolution verpennt.“ Wenn Sie also auch zu den Gewinnern der digitalen Revolution gehören wollen, dann haben Sie sicher schon längst bemerkt, wie wichtig es ist, sich mit den Themen des Onlinemarketings auseinanderzusetzen.

6.2.3 Neue Zeit- und Tageseinteilung

Arbeiten von wo und wann Sie wollen - egal ob früh morgens, nachts oder am Wochenende. Die Onlinearbeit als *Affiliate*-Marketer ist nicht den konventionellen Arbeitszeiten der freien Wirtschaft unterworfen. Sind Sie Langschläfer, können Sie Ihren Körperrhythmus nun endlich Ihren inneren Bedürfnissen und Gewohnheiten anpassen. Es gibt Menschen, die sind früh morgens energetisch, ausgeruht und bereits sehr aktiv. Jedoch gibt es auch andere Personen, die zunächst drei

Kaffees benötigen, bis sie wach werden, und einige Zeit brauchen, um in den Tag zu starten. Diese erreichen dann mitunter in den Abendstunden ihr Leistungshöchstniveau. Egal, zu welchem Typ Sie sich zählen, ein riesiger Vorteil ist, dass *Affiliate*-Marketing als Geschäftsmodell orts- und zeitunabhängig funktioniert. So gewinnen Sie völlig neue Freiheiten und Tagesstrukturen.

6.2.4 Zusätzliche Einkommensquelle

Im Gegenzug erlaubt Ihnen dieses Modell der Vermarktung, sich als *Affiliate* eine zusätzliche Einnahmequelle zu erschließen. Die Bandbreite erstreckt sich dabei vom einfachen Hobby-Websitebetreiber bis hin zu professionellen Shoppingportalen. Ob Sie lediglich die Server- und zeitlichen Kosten Ihrer eigenen Onlinepräsenz finanzieren wollen, oder ob Sie mit dem Gedanken an die Sache herangehen, ein wirkliches Unternehmen daraus aufzubauen, ist Ihnen überlassen. Dank der geringen Startkosten stehen Ihnen alle Möglichkeiten offen. Und wenn es Ihnen letztendlich gelingt, die Prozesse so weit zu automatisieren, dass Sie nur noch sehr wenig wöchentliche Arbeit damit haben, dann generieren Sie tatsächlich Ihr erstes passives Einkommen, was von nun an unabhängig von Ihrer Arbeitszeit und -kraft geschieht.

6.2.5 Kaum Startkapital nötig

Wenn wir von *Affiliate*-Marketing und vom Geldverdienen im Internet sprechen, dann geht es in der Regel um Menschen wie Sie und mich, die sich ihr Angestelltendasein verbessern oder durch ein lukratives Zusatzeinkommen ihr Gehalt aufbessern wollen. Die Rede ist nicht von riesigen Internet- und Großkonzernen, welche jährlich mehrere

Milliarden Dollar Umsatz machen. Das Beste an diesem Geschäftsmodell ist, dass Sie sehr wahrscheinlich schon alles haben, was Sie für den Aufbau eines eigenen Onlinebusiness brauchen. Um im Internet ernsthaft und dauerhaft gutes Geld zu verdienen, benötigen Sie im Grunde nicht mehr, als einen Laptop und einen Internetanschluss.

Für Ihren Start im *Affiliate*-Marketing benötigen Sie wenig bis kein Startkapital. Im Gegenteil: Sie verdienen direkt an jedem Verkauf der vermarkteten Produkte, der über Ihren *Affiliate*-Link zustande gekommen ist, obwohl Ihnen das eigentliche Produkt gar nicht gehört.

Es ist richtig, dass neben den Kosten für Ihren Webserver (ca. 5 Euro im Monat) keine weiteren Kosten anfallen müssen. Und selbst diese lassen sich vermeiden, wenn Sie beispielsweise auf Facebook-Gruppen zurückgreifen. Sie benötigen kein eigenes Produkt und müssen dem entsprechend auch kein Geld für dessen Herstellung investieren. Ihre Dienstleistung bieten Sie kostenfrei an und auch Ihr Support und Service wird sich auf Ihrer Website gerade zu Beginn noch in überschaubaren Grenzen halten, beziehungsweise bei produktspezifischen Fragen meist direkt eh vom Hersteller übernommen. Das Geschäftsmodell ist risikoarm, da Sie unmittelbar für entstandene Vermittlungen entlohnt werden und kein eigenes Kapital einsetzen. Sie müssen sich als *Affiliate* somit lediglich um eine Sache, nämlich um das Marketing, kümmern und können sich darauf spezialisieren. Da es die Produkte anderer Hersteller bereits gibt, können Sie außerdem sofort starten, denn es fällt keine Produktionszeit an.

Ihr Investment ist also vorrangig Ihre eigene Arbeitszeit. Denn sicher sind Sie daran interessiert, dass sich Ihre beworbenen Produkte möglichst häufig verkaufen, und zwar über Ihre Links. Denn nur so erzielen Sie einen möglichst hohen Umsatz. Gerade *Affiliate*-Marketing wird daher häufig als eine gute Verdienstmöglichkeit für Anfänger beschrieben, die erst einmal keine großen, eigenen Investitionen tätigen können oder wollen.

Dennoch soll an dieser Stelle darauf hingewiesen werden, dass auch Ihre Zeit wertvolles Kapital darstellt, wenn auch nur Humankapital, welches sich lediglich indirekt in barer Münze bemessen lässt. Denn zwar ist es richtig, dass keine großartigen Investitionen im monetären Sinne erforderlich sind, jedoch müssen gerade Anfänger sehr viel Zeit investieren, um Kunden erst einmal für ihre Homepage zu gewinnen. Und nur, wenn genügend Menschen auch tatsächlich Ihre Website besuchen, erzielen Sie auch tatsächlich nennenswerte Einnahmen.

Dies geschieht, indem Sie genügend relevante und interessante Informationen bereitstellen und Ihre Internetseite(n) regelmäßig pflegen und aktualisieren. Der hierfür erforderliche Zeitaufwand ist gerade, wenn Sie noch ganz am Anfang stehen, nicht zu unterschätzen. Lediglich Blogger, Autoren oder Menschen, die ohnehin schon auf einen erfolgreichen Blog oder anderweitig auf eine gut besuchte Internetseite zurückgreifen können, verdienen tatsächlich vom Start weg, ohne großen Aufwand, nennenswerte Einnahmen mit *Affiliate*-Marketing. Alle anderen müssen sich ihre Zielgruppe erst mühsam aufbauen und Kunden anwerben. Hier zahlen sich, wie überall, Disziplin und Durchhaltevermögen langfristig aus.

6.2.6 Ortsunabhängig arbeiten

Für Viele im *Affiliate*-Marketing-Tätigen besteht der größte Vorteil darin, dass sie die Freiheit haben, von überall auf er Welt zu arbeiten. Wenn Sie beginnen, mit *Affiliate*-Marketing Ihr Geld zu verdienen, dann arbeiten Sie selbstständig und damit als Ihr eigener Chef. Somit können Sie Ihren Arbeitsplatz frei wählen, und sind nicht länger an Ihren Schreibtisch gefesselt. Von nun an arbeiten Sie, von wo Sie wollen. Egal ob im Hotelzimmer oder im Café, am Swimmingpool oder bei sich privat zu Hause. Alles, was Sie benötigen ist ein Laptop oder Smartphone und einen Internetanschluss. Diese Freiheit ist für viele *Affiliates* mehr wert, als ein „sicherer" und geregelter Angestelltenjob.

6.2.7 Hobby zum Beruf

Viele sind bereits im Internet aktiv und haben eine eigene Webseite, einen Blog, einen YouTube-Kanal oder eine regelmäßig gepflegte Facebook-Seite. Bisher haben Sie das sicher lediglich als einfachen Zeitvertreib oder lieb gewonnenes Hobby gesehen. Mitunter hat es Ihnen auch einfach Spaß bereitet, Texte zu schreiben und Inhalte für Ihre Freunde zu gestalten und hochzuladen. Dennoch bleibt es nicht mehr als ein Hobby, neben dem Sie trotzdem immer noch auf Arbeit gehen müssen, um Ihren Job zu erledigen und Geld zu verdienen.

Sicher ist es Ihnen schon mindestens einmal in den Sinn gekommen, wie es wäre, wenn Sie mit dem, was Sie sowieso schon machen, auch noch Geld verdienen würden. Ob Sie nun ein richtiges Hobby wie Angeln, Tanzen, Töpfern oder Kampfsport betreiben, es wäre doch schön, wenn Sie daraus ein richtiges Business machen könnten. Dann würden

Sie Ihren langweiligen Nine-to-Five-Job an den Nagel hängen, und Ihr Hobby würde Sie und Ihre Familie ernähren. Ab einem bestimmten Punkt haben die meisten Webseitenbetreiber nur zwei Möglichkeiten: Entweder Sie verlieren die Lust an der Präsentation Ihres Hobbys, da Sie sich einreden, immer weniger Zeit für die Familie zu haben, und – ja, generell auch immer älter werden. Oder Sie erhalten sich Ihre Disziplin gepaart mit Durchhaltevermögen und überlegen sich Wege, wie Sie gerade noch mehr Zeit mit dem verbringen können, was Sie ohnehin schon am liebsten tun.

Affiliate-Marketing ist eine Möglichkeit, die genau das möglich machen kann: das Hobby zum Beruf. Ob Sie nun Motocross fahren oder auf dem Seil tanzen, ob Sie leidenschaftlich gern Fußball spielen oder Pizza essen - wenn Sie für ein Thema brennen, dann können Sie auch andere dafür anzünden. Und hier kommt *Affiliate*-Marketing ins Spiel: Wer keine eigenen Produkte erfinden, entwickeln oder verkaufen will, dem bleibt noch die bereits angesprochene zweite Möglichkeit, nämlich die Produkte anderer Unternehmen im Internet zu bewerben, und an den Verkäufen beteiligt zu werden.

Dafür benötigen Sie keine 100.000 Besucher auf Ihrer Website und auch keine Tausend Facebook-Freunde. Egal, welche Reichweite Sie im Internet haben, wichtig ist zu verstehen, dass Ihnen Menschen dafür vertrauen, für was Sie einstehen. Es macht Sie echt und authentisch und Ihr Wort hat Gewicht. Denn Sie stehen mit Überzeugung hinter dem, was Sie tun, und gehen mit bestem Beispiel voran, da Sie die Produkte, die Sie für Ihr Hobby brauchen auch selbst benutzen.

50 % aller Käufe im Internet basieren auf EMPFEHLUNGEN. Warum empfehlen Sie nicht auch die Produkte, die Sie gern benutzen?

Sei es der tolle Pizzastein, mit dem Ihnen die Steinofen-Pizza nun perfekt gelingt. Oder der neu entwickelte, überarbeitete und wesentlich sicherere Motocross-Helm. Sei es das tolle, neue magnetische Schachspiel, die atmungsaktiven Fußballschuhe oder die Anglerausrüstung. Egal wofür Sie stehen, wenn Sie authentisch sind und Ihre Meinung für ein Thema Gewicht hat, dann können Sie davon profitieren.

Man sagt dazu in Fachkreisen: „Seine Reichweite monetarisieren". Das geschieht, indem Sie beispielsweise thematisch passende Werbung auf Ihrer Website, Ihrem Blog, Ihrem YouTube-Video, Instagram-, Twitter- oder Facebook-Post einbinden, und Ihre Besucher aktiv auf die Angebote des Partnerunternehmens aufmerksam machen. Mit jedem erfolgreichen Verkauf verdienen nun auch Sie bares Geld, da durch Sie erst die Empfehlung zustande kam.

6.3 Vorteile für den Endkunden

Zu guter Letzt soll auch der Frage nachgegangen werden, was der Kunde davon hat. Vereinzelt kommt die Kritik auf, dass *Affiliates* nur versuchen, Ihren Besuchern etwas „aufzuschwatzen". Wie zu Beginn erwähnt, gibt es sicher in jeder Branche schwarze Schafe. Und wer meint, seine Kunden für ein paar schnelle Euros „übers Ohr hauen" zu müssen, der wird nicht in der Lage sein, langfristig fruchtbare und solide Kundenbeziehungen aufzubauen.

Nach dem bereits besprochenen Grundsatz erzählen unzufriedene Kunden vier Mal so häufig weiter, dass ihnen ein schlechter Service zu Teil wurde. Auf lange Sicht katapultiert sich ein Betrüger also von selbst ins Aus.

Das wiederum gibt ehrlichen Marketern und *Affiliates* die Chance, mit Ihrem Service zu überzeugen. Denn tatsächlich hat auch der Endkunde selbst durch den Empfehlungskauf keinerlei Nachteile. Im Gegenteil: Wenn ein *Affiliate* mit bestem Wissen und Gewissen für ein Produkt einsteht, dafür wirbt und sich aktiv damit (und den womöglich schlechteren Konkurrenten) auseinandergesetzt hat, dann schafft eine ehrliche Empfehlung Vertrauen.

6.4 Nachteile für den *Affiliate*

Affiliate-Marketing stellt als Geschäftsmodell offensichtlich eine komfortable Situation für beide Seiten dar. Webseitenbetreiber können ihre Inhalte im Web auf schnelle und einfache Art vergüten lassen, ohne dafür noch zusätzlich ein eigenes Produkt entwickeln zu müssen, oder mit dem komplizierten Teil des Geschäfts, wie Herstellung, Verkauf und Abwicklung des Produkts, etwas zu tun zu haben. Sie können sich weiter auf das konzentrieren, was sie am besten können, nämlich themenrelevante und zielgruppengenaue Inhalte und Artikel erstellen.

Es gibt mitunter jedoch Partnerprogramme, die von Ihren *Affiliates* im Vorfeld Gebühren verlangen. Diese sollten Sie meiden. Als *Affiliate* möchten Sie am Verkauf eines Produktes verdienen und nicht zuerst in das Produkt investieren. Grade Anfänger überschätzen jedoch häufig die Einkünfte beim *Affiliate* Marketing. Damit der *Affiliate* genügend

Kunden erreicht, muss er in der Regel eine Menge Zeit und Arbeit investieren, um Internetseiten mit zahlreichen Inhalten zu gestalten und ausreichend Besucher anzuziehen. Im schlimmsten Fall investiert der *Affiliate* seine Zeit umsonst, und es misslingt ihm, Kunden auf seine Angebote aufmerksam zu machen. Zwar erwirtschaftet er keinen Verdienst, er macht aber auch keinen Verlust, da er nicht selber Geld in dem Produkt angelegt hat. Im ungünstigsten Fall investieren Sie als *Affiliate* also eine Menge Zeit vergebens.

6.5 Nachteile für den Produkthersteller

In der Regel lohnt sich *Affiliate*-Marketing auch für den Produkthersteller, da er den *Affiliate* nur dann bezahlen muss, wenn es tatsächlich zu einem Verkauf beziehungsweise zu Einnahmen kommt. Daher besteht nicht die Gefahr, mehr Werbekosten zu produzieren, als Einnahmen zu generieren. Finanzielle Probleme sind bei gut wirtschaftenden Unternehmen so nicht zu erwarten. Ist jedoch die Gewinnspanne des verkauften Produktes zu gering, um als Unternehmen selbst davon existieren zu können, und den *Affiliate* noch daran zu beteiligen, dann müssen Unternehmen auf diese Werbeform verzichten. Gerade bei physischen Produkten ist, wie erwähnt, häufig eine enge Marge berechnet und kaum Luft, um davon noch etwas abzugeben. Dennoch hat ein Unternehmen meist ein Werbe- und Marketingbudget, welches es für die Vergütung der *Affiliate*-Verkäufe hernehmen könnte. Da die Provisionen aber im Vorfeld kalkuliert und ausgehandelt werden, ist sowohl dem Unternehmen als auch dem *Affiliate* klar, wie viel der *Affiliate* am Verkauf verdienen würde und ob sich dieses Geschäftsmodell für das Unternehmen lohnt.

Weiterhin wird oft von Herstellerseite als nachteilig empfunden, dass der *Affiliate* keinerlei Beziehung und Zugehörigkeitsgefühl, sowohl zum Hersteller als auch zum Produkt, hat. Einige *Affiliates* sehen ihre einzige Aufgabe darin, Kunden auf ihre Webseite zu leiten, sodass diese dort Umsatz generieren. Der Hersteller muss sich dann darauf verlassen, dass die Außendarstellung seines Unternehmens und seiner Produkte der entspricht, die vorher mit dem *Affiliate* vereinbart wurde. Hier kann es mitunter zu Fehlinformationen und Falschdarstellungen kommen und somit entsteht dem Hersteller ein Imageschaden aufgrund des *Affiliates*.

Schlechte Werbung für ein Produkt, irreführende Rezensionen und falsche Angaben, können für ein Unternehmen zwar sehr ärgerlich sein, sind aber in der Regel kein isoliertes Problem des *Affiliate*-Marketings. Sie treten häufig eher in Zusammenhang mit unabhängigen Rezensionen und in Internetforen auf, als beim *Affiliate*-Marketing, da der *Affiliate* selber auch daran interessiert ist, das Produkt zu verkaufen.

Insgesamt ist das *Affiliate*-Modell für den Produktanbieter daher sehr sicher, und eine gute Strategie, um ein Produkt erfolgreich zu bewerben. Denn ohne selber einen hohen Aufwand für die Werbung zu betreiben, und im Vorfeld große Investitionen tätigen zu müssen, erhält er in der Regel weitreichende Werbemöglichkeiten.

6.6 Nachteile für den Endkunden

Werden Kunden nicht durch irreführende Werbung verleitet ein Produkt zu kaufen, sondern durch ehrliche Empfehlungen beratend auf ein Produkt hingewiesen, so entsteht auch dem Endkunden durch den Kauf über einen Empfehlungslink kein Nachteil. Wenn ein Käufer über einen solchen Empfehlungslink auf ein Produkt stößt, was er ohne die Empfehlung eventuell nie entdeckt hätte, dann ist gleichzeitig sowohl den Merchants, dem *Affiliate* und dem Kunden geholfen.

Außerdem nimmt der Kunde das Angebot zu den völlig gleichen Konditionen wahr, wie ohne die Empfehlung auch. Es kostet ihn, als Verbraucher, keinen Cent extra. Der Produkthersteller zahlt die Provision an seinen *Affiliate*-Partner oder an das *Affiliate*-Netzwerk und ist trotzdem in der Lage noch einen Gewinn zu erzielen, den er ohne die Vermittlung womöglich gar nicht gehabt hätte. Aus Kunden- oder Käufersicht ist die Empfehlung durch *Affiliates* also ein ganz reguläres Geschäft, wie jedes andere auch, ohne Nachteile oder Mehrkosten.

7. Worauf sollten Sie achten?

7.1 Ihre Konkurrenz

Vor jeder Geschäftsgründung sollten Sie sich ganz genau mit Ihrer Konkurrenzsituation auseinandersetzen. Das gilt im *Affiliate*-Marketing genauso. Und angenommen, Sie sind in der Lage, ein einzigartiges Produkt exklusiv bewerben zu dürfen, so bespielen Sie in unserer hoch technologisierten Welt, samt Digitalisierung 4.0, das Feld nicht allein. Das ist kein Problem und auch überhaupt nicht schlimm. Denn so haben Ihre Konkurrenten schon Fehler gemacht, die Sie vermeiden können und von denen Sie lernen sollten. Ihre Mitbewerber haben schon Programme getestet und die Besten haben sich als „gut" herauskristallisiert.

Im Gespräch mit anderen Bloggern und Webseitenbetreibern, in Foren oder Kommentaren werden Sie schnell herauslesen, welche Aktionen und Formate wirklich funktionieren und welche wenig Erfolg einbringen. Diese Vorarbeit gilt es, sich zunutze zu machen.

7.2 Der richtige Zeitpunkt

Neben der Anzahl Ihrer Mitbewerber ist daher der richtige Zeitpunkt, zu dem Sie in ein Partnerprogramm eintreten, oft der entscheidende Faktor. Denn nicht nur „die großen Unternehmen fressen die Kleinen". Wie bereits erklärt, bewahrheitet sich auch oft der Ausspruch, dass „die Schnellen die Langsamen fressen". Analysieren Sie daher

Ihre Konkurrenz genauestens und evaluieren Sie, ob Sie schneller sein können, als diese.

Sally Bailey, CEO von White Stuff, ist daher der Meinung, dass es besser ist, eine Sache schlecht umzusetzen, als sie nie zu machen: „Wenn es eine Sache wert ist, getan zu werden, dann ist sie es auch wert, schlecht getan zu werden." - Doch was genau meint sie damit? Nun, Bailey machte die Erfahrung, dass ihr Team oft genug zu lange wartete, bevor es eine Idee oder ein Produkt auf den Markt brachte. Ihre Mitarbeiter wollten stets alles bis zur Perfektion vorantreiben und ins letzte Detail planen.

„Lieber fertig, als perfekt."

Wenn ein Produkt nur eine gewisse Markttiefe und Marktsättigung hat, dann ist irgendwann der Punkt erreicht, an dem schon genügend Kunden auf das Produkt aufmerksam geworden sind und es erworben haben. Wenn Sie zu diesem späten Zeitpunkt nun noch als *Affiliate* einsteigen, so wäre Ihre Zeit besser in andere Projekte investiert, da „die Wiese bereits abgegrast" ist. Eine gute Recherchemöglichkeit bietet die Website 100 Partnerprogramme (www.100pp.de), auf der Sie schnell und übersichtlich schon Einiges über Ihre Mitbewerber in Erfahrung bringen können.

Diesen Lebenszyklus von Produkten nennt Simon Sinek „The Law of Diffusion of Innovation" (das Gesetz der Innovationsverbreitung). Viele Marketingexperten kennen das Gesetz der Verbreitung von Innovationen oder haben zumindest von diesem gehört. Falls Sie keinen solchen Hintergrund besitzen, so sei es hier kurz erklärt: Es handelt sich dabei um einen Produktlebenszyklus, dargestellt in Form einer Gaußschen Normalverteilungskurve.

Konkret beschreibt dieser Graph, wie ein neues Produkt oder eine Dienstleistung in einem Markt angenommen wird, oder einfach gesagt: die Verbreitung der Innovation. Das Gesetz unterteilt dabei die kaufwilligen Kunden (Ihre Zielgruppe) in 5 verschiedene Typen:

1. die Innovatoren (2,5 %),

2. die frühzeitigen Anwender (13,5 %),

3. die frühe Mehrheit (34 %),

4. die späte Mehrheit (34 %) und

5. die Nachzügler (16 %).

Um das Ganze etwas greifbarer zu machen, verdeutlichen wir die Theorie am Beispiel des „iPhones". Würde Apple für jedes verkaufte iPhone eine Provision an seine *Affiliates* zahlen, so bedeutete das 2007 noch Folgendes: Gerade einmal 2,5 % der Kunden nutzen erst ein solches Gerät. Der potenzielle Markt beträgt noch gewaltige 97,5 %. Ein riesiger Kuchen, den Sie sich als *Affiliate* mit wenigen Konkurrenten aufteilen. So bleibt für Sie mehr übrig.

2008 und 2009 kämen nun immer mehr Ihrer Konkurrenten dazu, gleichzeitig wird durch die Gruppe der frühzeitigen Anwender der potenzielle Markt neuer Kunden stetig kleiner (unbeachtet dessen, dass der Zyklus bei Apple jedes Jahr von Neuem beginnt, betrachten wir der Einfachheit halber das iPhone als ein Produkt). 2010 und 2011 haben nun bereits die 2,5 % Innovatoren, die 13,5 % frühzeitigen Anwender und die 34 % der frühen Mehrheit ein iPhone erworben. Die breite Massenakzeptanz ist erreicht und bereits 50 % Ihrer potenziellen Kunden haben ein iPhone erworben. Sollten Sie jetzt noch in „Apples-*Affiliate*-Programm“ einsteigen, so haben Sie folgende zwei Probleme: Erstens stehen Ihnen nur noch die späte Mehrheit (34 %) und die Nachzügler (16 %) als kaufwillige Kundschaft zur Verfügung, und zweitens ist Ihre Konkurrenz deutlich höher. Sie teilen sich also einen „viel kleineren Kuchen“ mit immer mehr Leuten. Außerdem ist fraglich, ob sich die Nachzügler je für Ihr Produkt entscheiden würden, wenn sie es bis jetzt nicht getan haben.

Um auf Sally Baileys Erfahrung zurückzukommen, so ist Zeit und schnelles Reaktionsvermögen also eines der wichtigsten Stellschrauben, für Ihren Erfolg oder Misserfolg im *Affiliate*-Marketing. Ihrer Meinung nach sei die Entscheidung für ein Produkt, dass zu 80 Prozent fertig entwickelt und veröffentlicht wurde besser, als ein zu 99 Prozent entwickeltes und nie veröffentlichtes Produkt. „In vier von fünf Fällen lehrte mich meine Erfahrung, dass es besser ist, etwas herauszubringen und von den Rückmeldungen der Kunden zu profitieren, als es immer wieder zu verschieben, bis es zu einhundert Prozent richtig ist.“ Bitten Sie daher besser Ihre Webseitenbesucher aktiv durch Verbesserungsvorschläge an Verbesserungen mitzugestalten, und durch Feedback positiv darauf einzuwirken, anstatt sie nur wie passive Konsumenten und Umsatzbringer anzusehen.

Der Software - und Betriebssystem Hersteller „Microsoft“ verfährt so schon seit Jahren. Böse Zungen würden die Softwareentwicklungen

Microsofts als „Bananensoftware“ bezeichnen, mit der Ergänzung, dass „diese erst beim Kunden richtig reift“. Dennoch ist dieser Weg der Bessere. Würden Bill Gates, Satya Nadella und sein gesamtes Team darauf warten, bis alle Fehler beseitigt sind, so wären Teile des Softwarecodes schon längst wieder veraltet und das Betriebssystem könnte nie auf den Markt kommen.

Ihre wichtigste Entscheidung ist also, so früh wie möglich, bei so wenig Konkurrenz wie möglich, in die Bewerbung eines neuen Produktes einzusteigen. Denn eine zu hohe Marktsättigung und zu viele Mitbewerber werden Ihre Situation insoweit verschlechtern, als dass am Ende des Tages nicht genügend Erträge für Ihre Aufwendungen herauskommen.

Das Gleiche gilt für Ihren eigentlichen Beginn im *Affiliate*-Marketing. Viele Menschen denken, sie wissen noch nicht genug und müssen sich noch mehr Wissen aneignen. Bezug nehmend auf Baileys Teams ist es jedoch besser, sofort zu beginnen und „auf dem Weg“ aus Fehlern zu lernen, und sich das Wissen anzueignen, was Sie in dem Moment dann am Dringendsten brauchen, als nie zu starten. Merken Sie sich Eines: „Der beste Zeitpunkt, einen Baum zu pflanzen, war vor zwanzig Jahren. Der Zweitbeste ist JETZT.“ - Mit dem Beginn Ihrer *Affiliate*-Tätigkeit ist es genauso: Der beste Zeitpunkt… Sie ahnen den Rest.

7.3 Ihr Partner-Netzwerk

Des Weiteren ist neben Ihrem Wettbewerberumfeld und dem passenden Einstiegszeitpunkt auch das Netzwerk von großer Bedeutung, für welches Sie sich entscheiden. Bei der Vielzahl an Angeboten ist es schwierig, das richtige Netzwerk auszuwählen. Einige sind kostenlos, andere fordern eine entsprechende Gebühr für Ihre Teilnahme.

Auf 100partnerprogramme.de steht Ihnen die größte Suchplattform für Partnerprogramme im deutschsprachigen Raum zur Verfügung. Hier finden Webseitenbetreiber und Unternehmen gleichermaßen eine Anlaufstelle, um Informationen einzuholen und Programme zu vergleichen. Neben Informationen wie Programmbeschreibungen, Ausschlusskriterien und Provisionshöhen lassen sich so direkt und einfach die passenden Werbemittel begutachten.

Anders, als der Name 100Partnerprogramme vermuten lässt, ist dies mit über 9.000 Partnerprogrammen nicht nur die größte Suchmaschine für Partnerprogramme in Deutschland, sondern auch ein sehr umfangreiches Verzeichnis der besten Deals und Provisionen für *Affiliates*.

Auch werden zahlreiche internationale Partnerprogramme namhafter Unternehmen betreut. Für jedes Thema und jede Zielgruppe ist das Passende zu finden, egal ob für Autos, Finanzierung & Kredite, Hotels oder Fashion. Die langjährige Erfahrung, die große Reichweite und die umfangreichen Werbemöglichkeiten heben sich besonders positiv von anderen Mitbewerbern ab.

In manch anderen Netzwerken wie affili.net oder digistore24.com können Sie zusätzlich auch gleich noch weitere Informationen einholen, wie die zur Verfügung stehenden Werbemittel, die Storno- und Conversion-Rate oder die durchschnittliche Dauer bis zur Provisionsausschüttung.

Daneben lohnt es sich, auf ***jeder Website, die Sie privat oder geschäftlich*** besuchen, zu schauen, ob diese Firmen vielleicht nicht sogar selbst ein ***eigenes Partnerprogramm*** anbieten. Oft gibt es einen eigenen Menüpunkt mit Informationen, da immer mehr Unternehmen begriffen haben, dass jeder Besucher auch ein potenzieller Werbepartner sein könnte. Schauen Sie daher genau, ob die Firma oder Website nicht sogar selbst solch ein Werbeprogramm anbietet, und nutzen Sie dieses, um die zusätzlichen Gebühren der *Affiliate*-Netzwerke zu vermeiden.

7.4 Ihre Provision

Neben all den Entscheidungen ist für viele *Affiliates* die Höhe der vergüteten Provision von großer Bedeutung. Diese hängt stark vom beworbenen Produkt und vom Partnernetzwerk ab. Bedenken Sie, dass die Auslieferung und Herstellung physischer Produkte höhere Kosten verschlingt und geringere Margen abwirft, als die Auslieferung und Herstellung digitaler Kurse und Dienstleistungen. Sicher ist die Herstellung von Videokursen auch mit erheblichem Aufwand verbunden, jedoch fällt dieser in der Regel nur einmalig an, und lässt sich dann mit sehr geringem Aufwand und unerheblichen Kosten immer wieder reproduzieren.

Die Anbieter digitaler Produkte können daher in der Regel Rückvergütungen und Provision von über 50 Prozent zahlen. Ein Hersteller eines physischen Produktes, welcher nur eine Marge von 12 % hat, wird Ihnen keine 15 % Provision zahlen können, außer er hat zusätzliches Werbebudget kalkuliert.

Darüber hinaus verdienen die Partnerprogramme für das Bereitstellen und Abwickeln der *Affiliate*-Dienstleistung auch eine Servicegebühr, welche sich natürlich von Programm zu Programm unterscheidet. Mehr zu den Vergütungsmodellen im Kapitel „Vergütungsmodelle".

Ihre Provision ist nur ein Teil der Antwort auf die Frage, wie viel Sie mit *Affiliate*-Marketing verdienen können. Denn Ihr Verdienst ist von vielen weiteren Faktoren abhängig, als nur von Ihrer Provision. Sicher ist Ihnen klar, dass 80 Prozent von null Euro keine bare Münze in Ihrem Portemonnaie klingeln lassen. Carsten Maschmeyer, Unternehmer und Investor, sagt daher: „30 Prozent einer riesigen Torte ist mehr wert, als 80 Prozent eines kleinen Stück Kuchens". Neben der Höhe Ihrer Provision ist daher auch die Anzahl Ihrer Vermittlungen entscheidend.

Doch wovon hängt die Anzahl Ihrer Vermittlungen ab? Auch darauf gibt es keine pauschal gültige Antwort:

a.) Zum einen benötigen Sie eine große **Reichweite** und Zielgruppe, zu der Sie sprechen und die Sie über Ihre medialen Kanäle erreichen können.

b.) Zum Zweiten ist die **Zusammensetzung Ihrer demografischen Zielgruppe** entscheidend. Bewerben Sie Produkte für Hausfrauen, sind diese in der Regel weniger solvent, als wenn Sie Angebote für Münchner Golfspieler promoten. Die Kaufkraft Ihrer Zielgruppe ist daher ebenfalls ein entscheidender Faktor, welcher direkte Auswirkungen auf Ihre Einnahmen hat.

c.) Zum Dritten ist die **Qualität des beworbenen Produktes** wichtig. Niemand kauft gerne Schrott. Wenn Sie also hochwertige Produkte bewerben, dann können Sie leichter mit Ihrem Namen dahinterstehen und sich zudem sicher sein, zufriedene Kunden zu hinterlassen. Halten Sie sich an den guten, alten Grundsatz: *Bewerben Sie nichts, was Sie nicht auch Ihrer Oma empfehlen würden.* Sie sind auf langfristige, gewinnbringende und fruchtbare Partnerschaften aus und nicht auf den schnellen Euro.

d.) Zuletzt ist eine **professionell gestaltete und auf Ihre Zielgruppe angepasste Verkaufsseite** eines der wichtigsten Kaufargumente. Einige *Affiliate*-Marketer, weltweit, verdienen jährlich bis zu achtstellige Beträge. Schauen Sie, was diese richtig machen und orientieren Sie sich daran. Zwar gibt es den Ausspruch „Never judge a book by its cover" („Beurteile nie ein Buch nach seinem Umschlag"), doch gerade im Online-Vertriebs- und Marketinggeschäft haben Sie nur wenige Sekunden, um zu überzeugen. Der erste Eindruck zählt und dieser sollte so **positiv wie möglich sein.**

7.5 Eigene Inhalte

Wenn Sie sich dafür entscheiden, für ein anderes Unternehmen zu werben, dann müssen Sie tunlichst darauf achten, dass die Inhalte auf Ihrer Website rechtlich einwandfrei sind. Sie benötigen ein rechtssicheres Impressum, Ihre Anschrift und Daten sollten aktuell und korrekt sein. Und Sie dürfen auf Ihrer Website ausschließlich Inhalte eingestellt haben, die nicht gegen geltendes Recht verstoßen. Sie müssen bedenken, dass Sie als verlängerter Arm des Unternehmens auftreten, für das Sie werben. Daher wird Ihre Außendarstellung von Kunden nahezu gleichbedeutend mit der des Unternehmens wahrgenommen, für das Sie werben.

Kopieren Sie nie lediglich die vorgefertigten Angebotstexte Ihrer Werbepartner, sondern ergänzen Sie diese mindestens mit Ihren eigenen Ausführungen. Besser wäre noch, Sie befassen sich wirklich aktiv mit dem Produkt, testen es und schreiben Ihre ehrliche Meinung. Kunden werden sich so an Ihren Schreibstil gewöhnen und Ihre Website wird sich positiv von anderen Standardbetreibern absetzen.

7.6 Kosten

Haben Sie nun schon öfter mit dem Gedanken gespielt, sich selbstständig zu machen oder ein eigenes Unternehmen zu gründen, dann wissen Sie sicherlich auch genau, welche Hürden es auf dem Weg dorthin zu meistern gilt. Denken Sie nur daran, wie viel es kostet, ein eigenes Ladengeschäft anzumieten, mit einer Geschäftsausstattung einzurichten, zu eröffnen und zu betreiben. Ganz zu schweigen von den laufenden Kosten, wie Miete für die Verkaufsräume und das Lager, die Kosten für Personal und Mitarbeiter sowie das gebundene Kapital für den Wareneinsatz. Alles in allem ist mitunter schon ein deutlich mittlerer fünf- bis sechsstelliger Betrag fällig, bevor Sie auch nur einen Cent an Einnahmen haben.

Anders ist es bei diesem internetbasierten Geschäftsmodell: Lagerräume, Wareneinsätze, Geschäftsausstattungen - das alles gibt es hier nicht. Als *Affiliate-*Partner könnten Sie theoretisch sogar im nächstgelegenen Internetcafé nur mit dem Handy Geld verdienen. Und das, ohne vorher auch nur einen einzigen Euro in die Hand genommen zu haben.

Natürlich darf auch nicht verschwiegen werden, dass, je professioneller und größer Sie dieses Geschäftsmodell betreiben wollen, auch höhere Kosten auf Sie zu kommen. So bevorzugen einige ambitionierte *Affiliate*-Partner eine schneller und besser ausgestattete Internetleitung, ein mit bequemem Schreibtischsessel und Tisch eingerichtetes Büro und einen modernen Computer. Das alles ist jedoch Luxus und steht grundlegend in keinem Zusammenhang mit Ihrem zukünftigen Erfolg oder Misserfolg.

Die wichtigste Investition, die Sie tätigen müssen, ist Ihre eigene, aufopferungsvolle und bedingungslose Arbeitsleistung und der Wille zu einer strategisch cleveren Umsetzung. Spielen sich die ersten Einnahmen ein, können Sie immer noch überlegen, das Geld in besseres Equipment zu reinvestieren. Der Einsatz von zusätzlichen Mitarbeitern und professionellen Tools kann das Ganze natürlich noch einmal enorm beschleunigen. Dennoch ist mir kein anderes Geschäftsmodell bekannt, bei dem mit solch geringem Waren- und Kapitaleinsatz eine Gründung und ein Einstieg in die Geschäftswelt, als Selbstständiger, überhaupt möglich sind.

8. Vergütungsmodelle / Abrechnungsmodelle

Das grundlegende Vergütungsprinzip des *Affiliate*-Marketings beruht darauf, den Webseitenbetreibern für die Bewerbung eines entsprechenden Produkts, und dem daraus resultierenden Kauf durch seine Besucher, zu entlohnen. Dabei gibt es verschiedene mehr oder weniger etablierte Modelle, auf deren Basis die Provision der *Affiliates* berechnet wird.

Die verschiedenen *Vergütungsmodelle* werden je nach Betrachtungsstandpunkt alternativ auch als *Abrechnungsmodelle* bezeichnet (*Vergütung* = aus Sicht des *Affiliates*. *Abrechnung* = aus Sicht des Merchants). Sie unterscheiden sich je nach Anbieter und werden als „Pay per Click" (*Affiliatestandpunkt*) oder eben „Cost per Click" (*Merchantstandpunkt*)-Modell angegeben. Sehr gebräuchlich sind zum Beispiel die Abrechnungsmodelle PPC/CPC (Pay/Cost per Click), PPL/CPL (Pay/Cost per Lead), PPO/CPO (Pay/Cost per Order) oder PPS/CPS (Pay/Cost per Sale), sowie Kombinationen daraus. Nachfolgend werden die verschiedenen Vergütungsmodelle aus Sicht des *Affiliates* näher erläutert.

8.1 Pay per Sale (PPS) / Pay per Order (PPO)

Bei der „Pay per Sale" oder auch „Pay per Order" Vergütung erhält der Publisher genau dann eine Provision, wenn eine erfolgreiche Vermittlung eines Kunden beziehungsweise der Kauf eines Produktes über dessen *Affiliate*-Link stattgefunden hat. Die Provision kann dabei eine feste, vorab vereinbarte Summe oder aber auch eine prozentuale Vergütung, beinhalten. Auch Mischformen aus Fixum und prozentualer Beteiligung sind möglich.

8.2 Pay per Lifetime (PPLT)

Diese Art der Vergütung beinhaltet im Gegensatz zu den meisten anderen Modellen keine einmalige Zahlung, sondern ist darauf angelegt, dem *Affiliate* über einen längeren Zeitraum einen Vergütungsbetrag gutzuschreiben. Beispielsweise wäre das bei Unternehmen der Fall, die Abonnements verkaufen und dem Publisher dann so lange einen gewissen Betrag zahlen, wie der vermittelte Kunde das entsprechende Abonnement fortführt. Je länger die Vertragslaufzeit des Kunden ist, desto lukrativer kann sich das also auch für den *Affiliate* auswirken. Möglich ist auch eine anteilige Provision auf den lebenslangen Warenkorb des geworbenen Kunden.

8.3 Pay per Airtime (PPAT)

Zwar drehen sich die Ausführungen in diesem Buch um *Affiliate*-Marketing im Onlinebereich, das Modell findet aber auch in der Telekommunikationsbranche Anwendung und ist dort eine spezielle Art der Vergütung. Bei „Pay per Airtime“ erhält der Publisher dabei pro Gesprächsminute eines von ihm geworbenen Kunden, beispielsweise bei einem Handyvertrag, eine Provision.

8.4 Pay per Click (PPC)

Ein recht altes, und mittlerweile immer weniger verbreitetes Modell der Entlohnung, ist die Vergütung nach einem Klick auf den jeweils eingebundenen *Affiliate*-Link. Zu Beginn des *Affiliate*-Marketing war diese Art der Provisionsberechnung aufgrund seiner einfachen technischen Machbarkeit noch weit verbreitet. Mittlerweile wird sie jedoch aufgrund der Manipulationsmöglichkeiten vonseiten der *Affiliates* und des geringen Mehrwerts für die Merchants kaum mehr genutzt. Außerdem sind die erzielten Klickpreise zudem sehr gering.

8.5 Pay per Lead (PPL)

Die Methode 'Pay per Lead" gilt als recht beliebte Art der Provisionsvergütung. Vor allem beim Bewerben sehr beratungsintensiver Produkte im Finanz- und Versicherungsbereich kommt sie daher häufig zum Einsatz. Der Publisher erhält hierbei seine Vergütung bereits, wenn der geworbene Kunde Kontakt zu einer Versicherung oder einem Makler aufnimmt. Es wird also nicht der tatsächliche Verkauf vergütet, sondern die Heranführung (engl. to lead someone to something = jemanden an etwas heranführen) eines Kunden zum Verkäufer. Dieses Heranführen kann beispielsweise eine Angebotsanfrage, eine Registrierung für ein Abonnement oder eine Newsletteranmeldung sein.

8.6 Pay per Sign Up (PPSU)

Diese Vergütungsart ist ähnlich der „Pay per Lead" Bezahlung. Der Publisher erhält dann eine Provision, wenn sich sein Besucher über den *Affiliate*-Link beispielsweise im Shop des Merchants anmeldet.

Die Vergütungshöhe ist bei dieser Art der Provision allerdings ebenfalls sehr niedrig.

8.7 Pay per Link (PPLi)

Hierbei handelt es sich um eine Werbevergütung, bei der nur der Einbau eines Links auf der Publisher-Website für einen bestimmten Zeitraum, sowie für dessen Einblendung, bezahlt wird.

8.8 Pay per Click out (PPCO)

Mit dieser Form der Bezahlung werden die Nachteile der „Pay per Click"-Methode ausgeglichen. So wird beim "Pay per Click out" die Provision erst gutgeschrieben, wenn der vermittelte Besucher auf der Website des Merchants einen weiteren Klick getätigt hat, beispielsweise auf einen dort gelisteten Sponsor oder Anbieter.

8.9 Pay per Install (PPI)

Viele Smartphone-Apps und Webseiten verdienen mit der Empfehlung von Software und deren erstmaliger Installation sehr gutes Geld. Neben Apps und Programmen können dies auch Browser-Tool-Bars oder Demoversionen sein, die durch einen vermittelten Kunden vergütet werden.

8.10 Pay per View (PPV)

Aus dem amerikanischen Fernsehen, etwa von Boxkämpfen auf HBO oder neuerdings auch bei Hollywood-Blockbustern und Serien auf dem Pay-TV-Sender Sky, Amazon oder Netflix bekannt, wird bei

„Pay per View" für das Ansehen von Inhalten bezahlt. Für das Onlinemarketing ist diese Methode weniger effektiv und widerspricht dem Grundgedanken des *Affiliate*-Marketings. Dabei wird in der Regel pro 1.000 Einblendungen eines Banners oder Links eine Vergütung an den *Affiliate* bezahlt. Da Webseitenbesucher für diese Art der Werbung mittlerweile (negativ) sensibilisiert sind und deshalb auch eine gewisse Bannerblindheit entwickelt haben, wird die „Pay per View" Variante in der Regel vor allem auf großen Portalen mit hohen Besucherzahlen genutzt.

8.11 Kombination aus verschiedenen Vergütungsmodellen

In der Praxis bieten Partnerprogramme häufig mehrere Arten der Vergütung gleichzeitig an. Beliebte Kombinationsmöglichkeiten sind beispielsweise die „Pay per Lead" und „Pay per Sale" Vergütung.

Dabei wird zuerst die Anmeldung eines Besuchers, beispielsweise zum Newsletter eines Merchants vergütet, und später zusätzlich der direkte Kauf eines Produktes durch den geworbenen Kunden.

8.12 Provisionsstaffelung

Die meisten *Affiliate*-Netzwerke und Partnerprogramme arbeiten mittlerweile mit verschiedenen Level, einer sogenannten Provisionsstaffelung. So können sie für besonders engagierte *Affiliates* einen erhöhten finanziellen Anreiz schaffen. Publisher, die eine größere Anzahl an Sales, Leads, Sign-Ups oder Ähnlichem generieren, werden so für ihre Werbeanstrengungen auch besonders hoch belohnt.

9. Wo sollen Sie anfangen?

9.1 Eigene Positionierung

Sicher ist Ihnen schon einmal die TV-Werbung eines Hotelvergleichsanbieters ins Auge gesprungen. Und ebenso wird Ihnen die Werbung für Gas-, Strom und Handytarif-Vergleichsportale aufgefallen sein. Diese Unternehmen machen Millionenumsätze, indem sie nichts Anderes tun, als Reisen, Hotels, Stromtarife oder Handyangebote zu vergleichen, optisch aufzubereiten und ihren Kunden in mehr oder weniger übersichtlicher Form darzubieten.

Der Nutzen für den Verbraucher ist schnell erklärt: Durch die Fülle an Angeboten wäre er selbst nur schwer in der Lage, das für sich passende Angebot zu finden. Die Vergleichsportale helfen dabei, indem sie viele verschiedene Filter und Auswahloptionen installiert haben, die es dem Endkunden so ermöglichen, das perfekte Angebot zu finden. Sie locken zudem häufig mit Gutscheinaktionen, die beim Endkunden für ein positives Kauferlebnis sorgen, den Kaufanreiz erhöhen und damit den Warenkorbwert steigern.

Diese Vergleichsportale und Gutscheinseiten haben mittlerweile eine riesige Fangemeinde. 300.000 Besucher und mehr pro Tag sind oft keine Seltenheit. Sie haben spezielle Mitarbeiter nur dafür, ihre Keywords für die Suchmaschinen zu optimieren, bieten spezielle Newsletter an und unterhalten eigene Fanseiten auf Facebook, Twitter und Instagram, um ihre Reichweite zu erhöhen.

Dadurch ist es ihnen nicht nur möglich, Hunderte von Mitarbeitern zu beschäftigen, sondern auch zweistellige Millionenumsätze zu erwirtschaften. Sie werden sich vorstellen können, dass diese Seiten nicht umsonst arbeiten. Doch der Vergleichsservice ist für den Kunden in der Regel kostenlos. Wie also verdienen diese Unternehmen Geld? - Sie tun genau dasselbe, wie Sie als *Affiliate*-Einsteiger, ab sofort auch: Sie vermitteln Angebote und Dienstleistungen und werden an den Verkäufen in Form einer Rückvergütung beteiligt.

Sie brauchen nun nicht gleich die Flinte ins Korn zu werfen, aus Angst ein Megaunternehmen mit Millionenumsätzen könnte Sie an den Rand der Verzweiflung treiben. Doch es zeigt Ihnen, wie viel Potenzial und Geld in diesen Märkten liegt. Und es gibt in der Tat unzählige Märkte, in denen dieses Geschäftsmodell wahnsinnige Gewinnspannen für den Produkthersteller bietet. Hier können Sie sich auch als Einzelperson oder Einmann- / Einfrauunternehmen ein Stück vom Kuchen abschneiden. Sie benötigen keine Hunderte von Angestellten oder eine Website mit Hunderttausenden Besuchern.

Zu Beginn genügt es, wenn Sie sich in Ihrer für Sie passenden Nische positionieren und für Ihre potenziellen Besucher relevante und wertvolle Inhalte in Form eines Blogs oder Videos veröffentlichen. Eine solche Seite allein kann Ihnen gut und gerne 500 - 700 Euro im Monat einspielen, ohne dass Sie selbst die Produkte bevorraten oder später noch viel Arbeit und Zeit hineinstecken müssen. Um nicht falsch verstanden zu werden: Die Arbeit haben Sie vorher bereits getan. Und es ist viel Arbeit eine Website mit guten Inhalten zu füllen. Doch wenn Sie diesen Prozess zu einem gewissen Teil abgeschlossen haben, dann braucht es sehr wenig weitere Pflege. Die Artikel sind online, die Seite generiert Provisionen, wenn ein Besucher ein Angebot wahrnimmt und Sie, als Seitenbetreiber, können sich nun schon den nächsten Projekten widmen.

Glücklicherweise gibt es nicht nur drei bis vier Megamärkte. Zwar sind die Provisionen gerade in den Sektoren der Finanzdienstleistungsbranche, der Versicherungsbranche, der Kredit- und Stromvermittlung besonders hoch. Das sollte Sie jedoch nicht davon abhalten, nach weiteren potenziellen Märkten und Zielgruppen Ausschau zu halten.

Denn wenn es Ihnen gelingt, mit einer „*Affiliate*-Content-Seite“ einige Hundert Euro monatlich hinzuzuverdienen, wie sähe es dann mit zwei, zehn oder gar zwanzig solcher Seiten aus? Was Sie tun müssen, ist also diesen Prozess anschließend immer wieder zu wiederholen und neue themenspezifische Blogs in den verschiedenen Märkten und Nischen zu positionieren. Nach diesem Prinzip bauen Sie sich Stück für Stück eine zusätzliche Einnahmequelle nach der anderen auf. Dabei werden einige Seiten auch nicht funktionieren und selbst nicht die Kosten für Server und Wartung decken. Doch diese können Sie dann entweder so weit optimieren, bis sich die Betreibung der Website lohnt, oder sie einfach wieder vom Netz nehmen.

Wenn der Prozess mit einigen Webseiten erst einmal etwas ins Rollen gekommen ist, so müssen Sie sich nicht mehr aktiv mit Ihrer Arbeitszeit darum kümmern. Wenn Sie mit drei oder vier gut laufenden *Affiliate*-Seiten zufrieden sind, so können Sie ab und an noch neue Artikel online stellen, sich aber ansonsten zurücklehnen und Ihr zusätzliches Einkommen genießen. Ein fleißiger *Affiliate* hingegen gibt sich noch lange nicht zufrieden und hat immer noch viele weitere Ideen. So kommt er auf zehn, zwanzig oder gar noch mehr solcher gut laufenden *Affiliate*-Seiten, die ihm Monat für Monat ein passives Einkommen generieren.

9.2 Content Publisher

Für Sie gibt es im Grunde drei verschiedene Möglichkeiten, Inhalte im Netz zu publizieren. Experten unterscheiden zwischen statischem, dynamischem und benutzergeneriertem Content.

9.2.1 Statisch

Statische Webseiten beschäftigen sich in der Regel mit einem bestimmten Thema. Angefangen von Autopolitur, über Hochzeitskleider, Möbelbau oder die neuesten Smartphones kann es sich bei statischen Seiten um so ziemlich jedes Thema handeln. Die Webseitenbetreiber haben dafür eine Webseitendomain registriert und veröffentlichen neue Beiträge meist auf sehr vielen Unterseiten. Die Inhalte sind starr und werden häufig nur sehr unregelmäßig oder gar nicht mehr verändert oder aktualisiert. In der Regel geht der Prozess mit Maßnahmen der Suchmaschinen Optimierung einher (Search Engine Optimization, kurz SEO), damit die Website für die entsprechenden Suchbegriffe auf den vordersten Plätzen in den Suchmaschinenergebnissen erscheint. Solche Suchbegriffe heißen in der Fachsprache „*Keywords*" und gute Webseitenbetreiber schaffen es mit ihren Themen meist auf die erste Seite der Suchergebnisse.

9.2.2 Dynamisch

Bei dynamischen Webseiten handelt es sich meist um Blogs. Hier wird der Inhalt in regelmäßigen Abständen erweitert oder aktualisiert, je nachdem, wie häufig ein Blogger in seinem Blog neue Beiträge veröffentlicht. In der Regel sind die Themen enger gefasst. In der Fachsprache handelt es sich um sogenannte *„Longtail-Keywords“*. Anstatt dem generischen Schlüsselkeyword *„Drohne fliegen“* würde sich ein Blog dann eher mit den Themen *„Immobilienfotografie mit Drohnen“* oder *„Landschaftsaufnahmen mit Drohnen“* spezialisieren. Blogs behandeln also hauptsächlich Spezialthemen, mit denen sich der Blogger hervorragend auskennt. Dabei spricht er in der Regel eine eng umrissene Kundenzielgruppe an.

9.2.3 Benutzergeneriert

Webseiten mit benutzergenerierten Inhalten sind zum Beispiel Foren, Vergleichs- oder Bewertungsportale. Hier kommt der Inhalt von den angemeldeten Usern selbst, die sich untereinander austauschen und weiterhelfen. Diese Webseiten finden sich sehr oft in ihren Spezialgebieten, ganz weit vorne in den Suchergebnissen, wieder. Meist handelt es sich dabei um Fanseiten oder Meinungsportale. Viele Produkthersteller sind der Meinung, benutzergenerierte Webseiten bieten den meisten Mehrwert für ihren Shop und ihre Produkte. Diese Foren und Meinungsplattformen bieten einen sehr engen Themenbezug und zielen nicht vordergründig auf die Anzahl neuer Besucher ab. Den Herstellern ist vielmehr die tatsächlich relevante Zielgruppe wichtiger, da diese viel eher bereit ist, das beworbene Produkt auch zu kaufen.

Was alle drei Formen gemeinsam haben, ist, dass viele der Content Seiten aufgrund ihres Nischenthemas eine überschaubare Anzahl an Besuchern anziehen. Sie alle erzeugen also keine großen Umsätze. Ausnahmen bestätigen natürlich auch hier die Regel. Wer jedoch wirklich substanzielle Einnahmen erzielen will, der muss hingegen entweder viele solcher Seiten erstellen, oder sein Themenspektrum erweitern. Mehr dazu im nächsten Kapitel.

9.3 Social-Media-Publisher

Als *Social-Media-Publisher* betreiben Sie keine eigene Website, sondern nutzen entweder Ihr eigenes Social-Media-Profil auf den einschlägigen Plattformen, wie Twitter, Facebook, Snapchat oder Instagram, oder Sie erstellen auf diesen Plattformen extra Profile und Gruppen, um potenzielle Kunden anzusprechen.

Bei Facebook haben Sie beispielsweise die Möglichkeit, Anzeigen direkt an die Personengruppen auszuliefern, die bestimmten Merkmale, wie Postleitzahl, spezielle Interessen oder Hobbys angegeben haben. Die Werbung wird dann direkt im Newsfeed und der Timeline des Nutzers oder an der rechten Seite angezeigt. Aufgrund der engen Zielgruppendefinition können Social-Media-Publisher schnell eine sehr gute Conversion-Rate erzielen.

9.4 Retargeter und Pretargeter

Sicher ist Ihnen schon einmal aufgefallen, dass Ihnen ein Produkt, nachdem Sie einmal gesucht haben, nun auf jeder neuen Website angezeigt wird. Es scheint, als folgt Ihnen das Produkt, bis Sie sich doch endlich für den Kauf entscheiden.

Genau das bedeutet *Retargeting*. Menschen, die sich bereits mit einem Produkt oder einer Website auseinandergesetzt haben, aber ohne zu kaufen wieder gegangen sind, „zurückzuholen". Denn Nutzer, die sich bereits für ein Produkt oder eine spezielle Dienstleistung interessieren, sind einfacher vom Kauf zu überzeugen, als jene, die sich noch nie damit beschäftigt haben. *Retargeter* schaffen es so, bis zu 25 Prozent der Nutzer wiederzuholen, und doch noch zur Kaufentscheidung zu bringen. Dazu schaltet er ähnlich wie bei den Facebook-Annoncen spezielle Anzeigen auf anderen Webseiten, die Besucher verfolgen (*„tracken"*), welche sich schon einmal mit einem Produkt auseinandergesetzt haben.

Ähnlich verfährt der *Pretargeter*. Nur werden hier keine User getrackt, die sich schon einmal auf einer Seite umgeschaut haben oder sich für ein Produkt interessieren, sondern der *Retargeter* versucht aufgrund ähnlicher Interessensmerkmale typische Käufer der Produkte anzusprechen.

Dazu definiert er zuerst eine wahrscheinliche Zielgruppe und versucht, so viele Informationen wie möglich, über die Anwender zu bekommen. Anschließend generiert er sogenannte „statistische Zwillinge", welche die gleichen Hobbys, Interessen und sonstigen Übereinstimmungen haben und ähnliche Suchanfragen stellen. Ihnen werden dann zielgerichtet Angebote unterbreitet, da davon ausgegangen werden kann, die Personen würden aufgrund der ähnlichen Interessen auch dieselben Produkte kaufen.

10 Fünf hoch effiziente Affiliate-Marketing-Strategien

Was zeichnet eine herausragende *Affiliate*-Marketing-Strategie aus? Führende, globale Unternehmensberater und Businessexperten von Brand-Learning haben 2015 ihre Partner sowie herausragende Onlinemarketing-Führer gefragt, was eine ausgezeichnete *Affiliate*-Marketing-Strategie auszeichnet. Sie haben Antworten darauf gegeben, wie Sie, als *Affiliate*, in der Lage sind, hoch effektiv und äußerst zielführend in Ihrer Rolle zu agieren. Lesen Sie nachfolgend daher nun die fünf wichtigsten Tipps, welche diese Führungs- und Marketingexperten mit dem Gremium teilten und ausschlaggebend für Marketer sind.

10.1 Emotionen wecken

Menschen sind emotionale Wesen. Nutzen Sie diese Emotionen daher, um Ihre Marke aufzubauen. Die John Lewis Weihnachts-Fernsehwerbekampagne, die von der britischen Kaufhauskette „John Lewis" seit 2007 jährlich vor den Weihnachtstagen veröffentlicht wird, ist ein gutes Beispiel dafür. Sie ist in der britischen Volkskultur mittlerweile ähnlich legendär, wie in Deutschland das bekannte „Dinner for One", und zu einer regelrechten Tradition geworden. Zudem gilt sie als Countdown in die Weihnachtszeit und erlebt in Großbritannien stets überwiegend positive Kritik und eine breite Medienberichterstattung.

Für Craig Inglis, Director of Marketing bei „John Lewis", ist es daher wenig verwunderlich, dass die Werbespots seiner Firma bereits einige

Auszeichnungen, wie unter anderem den „IPA Effectiveness Awards 2012“, für ihre Kampagnen erhielten. Im Marketing generell gilt, genau wie für das *Affiliate*-Marketing im Speziellen, dass die beworbenen Produkte beim Kunden eine Emotion auslösen, ein Bedürfnis befriedigen und das Gefühl des „Habenwollens“ hervorrufen sollen. Ein *Affiliate*-Marketer wird Produkte nur dann erfolgreich vermitteln, wenn diese beim Kaufinteressenten eine Emotion kreieren und dadurch Kaufinteresse wecken.

10.2 Beide Seiten betrachten

Sarah Warby, Marketing Director bei Sainsbury's, rät, bevor Sie nun eine Entscheidung für ein Produkt oder Partnerprogramm treffen, einen Schritt zurückzumachen. Schauen Sie sich die Dinge unbedingt auch noch aus einer anderen Perspektive an. Vielleicht der, Ihrer *Affiliate*-Partner und

-Auftraggeber oder der, Ihrer Kunden. Welche Rolle spielen Ihre Werbepartner, für die Sie eine Vermittlung generieren wollen und was genau sind deren Ziele? Wie können Sie die erreichen und welche Aufgabe übernehmen Sie dabei mittel- beziehungsweise langfristig? Sind Ihre *Affiliate*-Partner nur auf die schnelle Vermittlung von Neukunden aus? Oder könnte dahinter eine nachhaltige und längerfristige Zusammenarbeit entstehen, die für beide Seiten fruchtbar und profitabel ist?

Versetzen Sie sich auch in die Position Ihrer Kunden. Ist Ihnen wichtig, dass diese tatsächlich einen Mehrwert aus Ihrer Vermittlung ziehen? Oder geht es Ihnen darum, die Brieftasche Ihres Gegenübers nur um ein paar Euro zu erleichtern. Denken Sie sich auch in eine Welt, in der Ihre Annahmen nicht für selbstverständlich gehalten werden. Prüfen Sie Ihre Eindrücke dazu mit den Personen, die gänzlich anderer Meinung sind als Sie und sich dennoch nicht fürchten, Ihnen offen und ehrlich Kritik zu geben.

Versetzen Sie sich also auch stets in die Lage Ihrer Nutzer. Ein Besucher Ihrer Website, welcher auf Ihren Banner klickt, tut dies mit einer gewissen Erwartungshaltung. Dieser Erwartungshaltung müssen Sie gerecht werden. Und zwar unmittelbar. Direkt bei Ankunft, auf der im Banner gezeigten Website, will Ihr Kunde innerhalb weniger Sekunden die Erfüllung des angebotenen Versprechens. Bieten Sie mit Ihrem Werbemittel also ein Sonderangebot an, so müssen Sie dies auch einlösen und Ihr Nutzer direkt auf die entsprechende Sales-Seite landen. Muss er sich hingegen erst noch durch den gesamten Shop oder einige Unterseiten kämpfen, so können Sie sicher sein, dass Ihr Kunde schneller wieder weg ist, als Ihnen lieb ist und der Kauf nicht zustande kommt.

Wenn in Ihrer Anzeige eine bestimmte Shopkategorie oder eine spezielle Unterseite des verlinkten Shops abgebildet ist, dann sollte Ihr Link ihn auch direkt dorthin führen. Vermeiden Sie Irreführungen und lösen Sie das Versprochene so direkt und zielführend ein, wie nur irgendwie möglich. Wenn Sie beispielsweise einen Rabatt anbieten, dann machen Sie dies auf der Landingpage auch sofort sichtbar. Entweder in der Produktbeschreibung selbst, in Form eines Codes, oder durch einen deutlich sichtbaren Hinweis, dass sich der Rabatt bereits im Warenkorb befindet, oder schon auf das Produkt angewendet ist. Ihnen muss klar sein, dass Ihr Nutzer aufgrund Ihrer Werbeaussage zu Ihnen gekommen ist. Nun haben Sie den Fisch an der Angel und Sie sollten ihn weder durch Ablenkungen noch durch Unklarheiten, wieder vom Haken lassen.

10.3 Sonderaktionen und Gutscheine

Das Tolle an Gutscheinen, Sonderaktionen, Rabatten und Nachlässen ist, dass sie für den Kunden einen zusätzlichen Kaufanreiz bieten, da er das bevorzugte Produkt nun zu einem attraktiveren Preis bekommt. Der Nachteil ist, dass Kunden, die vor dem Kauf noch nach einem Gutschein suchen, meist über eines der großen Gutscheinportale stolpern und im letzten Moment, vor dem Kauf, einen Empfehlungslink des Gutscheinportals anklicken. Damit erhalten Sie, als *Affiliate,* natürlich keine Provision, sondern der Betreiber des Gutscheinportals.

Gutscheine funktionieren rein psychologisch gesehen aufgrund menschlicher Reziprozität. Dies beschreibt die Eigenschaft, auf ein freiwillig gegebenes Geschenk mit einem Gegengeschenk zu reagieren, um das innere, seelische Gleichgewicht wieder herzustellen und das eigene Gewissen zu besänftigen. Bieten Sie Ihren Kunden nun einen Gutschein an, empfinden diese das als ein großzügig gegebenes Geschenk. Und im Gegenzug dazu kaufen Ihre Kunden ein. Der Mechanismus läuft unterbewusst ab und damit ist die eben beschriebene Reziprozität automatisch erfüllt.

Das Geschenk, in Form eines Gutscheins oder einer Rabattaktion, ist für Ihre Kunden ein positives Erlebnis. Sie empfinden es als Entgegenkommen und freuen sich über das erhaltene Geschenk. Das steigert unterschwellig die Kauflaune und führt dazu, dass Ihre Kunden, obwohl Sie im ersten Moment etwas sparen, dadurch in den Strudel der umgekehrten Reziprozität gelangen. Unterbewusst verarbeiten sie, dass sie durch den gesparten Gutschein ein Geschenk erhalten und zudem noch Geld gespart haben. Dadurch sind viele Kunden sogar dazu bereit, etwas mehr Geld, als eigentlich ursprünglich geplant, auszugeben.

Dies können Sie mit einem Gutscheincode sogar noch gezielt beeinflussen: Wenn Ihre Statistiken zeigen, dass Ihre Kunden im Schnitt einen Warenkorbwert für durchschnittlich 60 Euro generieren, so können Sie einen Gutschein in Höhe von 10 Euro anbieten, bei einem Mindestumsatz von 75 Euro. So wären auch nach Abzug Ihres Gutscheincodes die Warenkorbumsätze höher, als Ihr vorheriger Durchschnittswert. Die Gutscheinaktion hat somit einen doppelt positiven Nutzen: Ihnen, als *Affiliate*, bringt sie höhere Umsätze und dem Käufer erhöht sie das Einkaufserlebnis auf positive Weise.

10.4 Verknappung

Haben Sie das auch schon mal erlebt, dass es Webshops gibt, die gefühlt jede Woche mit Rabatten von bis zu 50 Prozent locken? Das sollten Sie nicht tun. Gutscheine sollten keine Dauerwerbeaktionen sein, denn sonst gewöhnen sich Ihre Kunden sehr schnell daran und warten mit Käufen immer so lange, bis Sie wieder eine Werbeaktion schalten.

Gutscheine und Rabattaktionen bergen unheimlich viel Potenzial. Das verschenken Sie, wenn Sie die Gutscheine quasi dauerhaft anbieten. Gutscheine haben für Sie nur dann einen wirklichen Mehrwert, wenn sie beim Kunden ein Gefühl der Verknappung hervorrufen und damit als zusätzliches Verkaufsargument dienen. Sie sollten Gutscheine daher nur für eine kurze, sehr begrenzte Zeit herausgeben, und darauf auch hinweisen. Zum Beispiel: „*Nur noch heute 15 % Rabatt sichern*". Oder: „*Dieser einmalige Sonderpreis gilt nur noch bis zum 30.09.20xx um 23:59 Uhr*".

Führende Marketingexperten empfehlen eine Gutscheinaktion nicht länger als 30 Tage, und nicht kürzer, als 2 Tage durchzuführen. So erzielen Sie den meisten Mehrwert und gleichzeitig haben genügend potenzielle Käufer die Chance, Ihr Angebot auch wahrzunehmen sowie erst einmal darauf aufmerksam zu werden.

10.5 Lernen, lernen, lernen

Simon Lowden, CMO bei PepsiCo, hat verstanden: „Alles, was ich weiß, habe ich gelernt. Ich wurde nicht damit geboren, noch ist es Teil meiner DNA. Ich musste es mir aneignen". Ein Unternehmen oder eine Person, welche auf *Affiliates* aufbaut oder sich mit *Affiliate*-Partnerprogrammen beschäftigt, wird daher nur dann erfolgreich sein, wenn die Mitarbeiter bereit sind, zu lernen und sich weiterzubilden. Bei *Affiliate*-Programmen handelt es sich um einen hoch umkämpften Markt. Es ist daher enorm wichtig, immer die neuesten und besten Marketingmethoden zu kennen und anzuwenden. Dazu zählen Weiterbildungsangebote bei den erfolgreichsten Marketinggurus dieser Welt genauso, wie internationale Marketingkonferenzen und Fortbildungskurse mit den neuesten Methoden und Strategien des Marketings.

11. Die 12 größten Partnerprogramm-Netzwerke

Wenn Sie nun direkt loslegen wollen, dann fragen Sie sich sicherlich, für welches Partnerprogramm und Netzwerk Sie sich entscheiden sollen. Tatsächlich gibt es allein im deutschsprachigen Raum aktuell über 5.000 verschiedene öffentliche Partnerprogramme. Die Größten und Wichtigsten davon finden Sie hier nun übersichtlich dargestellt.

11.1 Amazon PartnerNet

https://partnernet.amazon.de

Mit dem amazon.de Partnerprogramm profitieren Sie nicht nur von der langjährigen Erfahrung eines der ersten Partnerprogramme überhaupt, Sie verdienen auch bis zu 10 % Werbekostenerstattung.

Amazon hat mittlerweile 21 Millionen Prime-Kunden und über 40 Millionen Kunden insgesamt, allein in Deutschland. Nach erfolgreicher Anmeldung wählen Sie aus über einer Million Produkten und können diese anschließend auf Ihrer Website bewerben. Der große Vorteil ist, Sie erhalten unabhängig vom beworbenen Produkt auf Ihrer Website auch dann die Werbekostenerstattungen, wenn Ihr Kunde auf Ihren Link klickt und anschließend aber ein anderes qualifiziertes Produkt kauft.

11.2 Belboon

https://www.belboon.com/de/

Belboon bietet eines der reichweitenstärksten Display- und Retargeting-Kampagnen und verhilft seinen Publishern dabei zu mehr Bekanntheit, mehr Kunden und mehr Umsatz. Bereits 2002 gestartet, ist es mittlerweile zu einem der größten Performancenetzwerke Deutschlands, mit über 1.800 Advertisern und mehr als 65.000 Publishern, angewachsen. Mit Belboon haben Sie einen starken *Affiliate*-Partner für nachhaltige Umsatzsteigerung im Online- und Mobilebereich sowie effizienter Leadgenerierung und attraktiven Publisher-Kampagnen an Ihrer Seite.

11.3 Zanox / Awin

https://www.awin.com/de

Zanox ist ein bereits 2000 gestartetes, börsennotiertes Aktienunternehmen, mit Sitz in Berlin, welches als globales *Affiliate*-Marketing-Netzwerk E-Commerce- und Onlinemarketingleistungen anbietet. Das Netzwerk verbindet dabei Advertiser und Publisher mit leistungsstarker Technologie und hervorragender Kundenbetreuung. Damit haben Sie es geschafft, die täglichen Onlineerfolge Ihrer Advertiser und Agenturen zu steigern und diese mit Endkunden aus der ganzen Welt zusammenzubringen.

Seit 2010 arbeiten Zanox und *Affiliate*-Window schon zusammen. 2017 wurde die Zanox-Gruppe in „Awin“ umbenannt. Das Unternehmen hat mehr als 900 Mitarbeiter, über 100.000 aktive Publisher und mehr als 6.000 Advertiser. Publisher jeder Größe können damit auf ihren Webseiten, Blogs und Inhalten profitable Partnerschaften mit den bekanntesten Marken der Welt eingehen.

11.4 TradeDoubler

http://www.tradedoubler.com/de/

TradeDoubler ist ebenfalls eine Aktiengesellschaft und Anbieter für Onlinemarketing und Vertriebslösungen. Das Unternehmen wurde bereits im November 1999 in Stockholm gegründet und beschäftigt knapp 600 Mitarbeiter in 17 europäischen Ländern. TradeDoubler arbeitet dabei mit über 2.000 verschiedenen Marken zusammen und verspricht digitalen Marketern ein smartes, erfolgreiches Onlinekonzept, indem sie eine einzigartige Kombination aus Traffic, Technologie und Expertise anbieten.

11.5 Affili.net

https://www.affili.net/de/home

Affilinet ist ein 1997 gegründetes *Affiliate*-Netzwerk mit Hauptsitz in München. Als europaweit agierendes Partnerprogramm ist es Teil der United Internet Gruppe und beschäftigt über 200 Mitarbeiter. Bei affili.net finden Sie branchenübergreifend über 3.500 Partnerprogramme von Zalando und Deutsche Bahn, bis hin zu Telekom und Kabel Deutschland.

11.6 Tradetracker

https://tradetracker.com/de/

TradeTracker ist ein internationales *Affiliate*-Netzwerk, das in Deutschland von der TradeTracker Deutschland GmbH aus Hamburg geführt wird. Das ursprünglich aus den Niederlanden stammende Netzwerk TradeTracker, ist inzwischen in 22 verschiedenen Ländern vertreten, und bietet seinen *Affiliates* in insgesamt 31 Kategorien eine große Auswahl aus über 6.000 verschiedenen, aktiven Partnerprogrammen. Sie können Partnerschaften mit anerkannten Marken aus zahlreichen Branchen eingehen und als Vergütung kann entweder per Lead, per Sale oder einer Kombination aus beidem gewählt werden. Die Aufmachung des *Affiliate*-Netzwerks ist professionell und besonders die verwendete Software überzeugt durch Funktionalität, Übersichtlichkeit und Usability.

11.7 Digistore24

https://www.digistore24.com

Digistore24 beschreibt sich selbst als Reseller basierte Onlinevertriebslösung für digitale Produkte und Events. Bereits mehr als 80.000 Onlinemarketer vertrauen Digistore24 und es kommen jeden Monat mehr als 3.000 neue Mitglieder hinzu, die professionell Onlinemarketing, als Produkthersteller oder *Affiliate*, betreiben. Aktuell sind mehr als 4.350 Partnerangebote gelistet. Die Anmeldung ist kostenfrei. Bei jedem Verkauf erhält Digistore eine Reseller-Marge von 7,9 % +1 €.

Gesonderte Gebühren für *Affiliates* fallen nicht an. Digistore24 bewirbt besonders die stets regelmäßige Auszahlung von *Affiliates* und garantiert, immer pünktlich und zuverlässig zu überweisen.

Das Tracking ist Cookie basiert, wobei stets das zuletzt gesetzte Cookie entscheidend ist. Die Laufzeit der Cookies beträgt 180 Tage. Zusätzlich steht auch ein Kampagnentracking zur Verfügung, sodass *Affiliates* den Erfolg einzelner Kampagnen gezielt verfolgen können. Digistore24 bietet die verkaufsstärksten Produkte der Branche an und optimiert die Conversion der Bestellformulare stetig. Weiterhin versucht das Netzwerk mit One-Click-Upsells und Cross-Sellings, den Umsatz pro Besucher zu erhöhen. Statistiken ermöglichen zudem eine umfassende Analyse der Kampagnen.

Auch für Merchants bietet das Netzwerk erhebliche Vorteile:

Digistore24 übernimmt die gesamte Rechnungserstellung. Sie müssen sich als Produkthersteller nicht mit dem Schreiben von Rechnungen aufhalten. Auch brauchen Sie sich nicht um juristische Dinge, wie AGB oder Ähnliches zu kümmern, da Digistore24 als Verkäufer Ihrer Produkte agiert. Das Netzwerk kümmert sich ebenso auch um die korrekte Versteuerung. Sensible Kundendaten, wie Zahlungsinformationen, werden von Digistore24 verwaltet. Die Auseinandersetzung mit datenschutzrechtlichen Dingen können Sie sich ebenfalls ersparen. Zusätzlich übernimmt das Unternehmen ebenso die korrekte Produktauslieferung und Zahlungsabwicklung.

11.8 SuperClix

https://www.superclix.de

Bereits seit 2000 können Sie bei SuperClix dank bezahlter Links schnell und einfach mit *Affiliate*-Marketing Geld verdienen. SuperClix bietet mit seinem etwas anderem Konzept eine einzigartige Kombination aus mittelgroßen Nischenanbietern, die man nicht überall findet, und großen etablierten Markenanbietern an. SuperClix ist dabei ein etabliertes Netzwerk, inklusive Agentur und mehrfach ausgezeichneter Anbieter, direkt aus Deutschland. SuperClix ist schon 2004, 2005 und erneut 2014 zum besten *Affiliate*-Netzwerk gewählt wurden. Es bietet die größte exklusive Auswahl mit über 700 verschiedenen Partnerprogrammen aus Deutschland, Österreich und der Schweiz sowie Statistiken in Echtzeit, freie SubIDs und innovative Tools an. Dabei vertrauen mehr als 1,6 Millionen aktive *Affiliates* dem Partnerprogramm-Netzwerk, welches monatlich 7,53 Milliarden AdImPressions generiert.

11.9 Financeads

https://www.financeads.net

FincanceAds gilt als Premium *Affiliate*-Netzwerk für Banken, Versicherungen und FinTechs. Das Netzwerk aus Nürnberg ist das führende Netzwerk für Performance Marketing im Bereich Finanzen und Versicherungen. Als *Affiliate* mit Webseiten für finanzaffine Besucher können Sie die mehr als 350 Programme und Kampagnen der Advertiser aus zehn europäischen Ländern bewerben. Positiv hervorzuheben ist der persönliche Ansprechpartner, den Sie nach Anmeldung erhalten sowie die hohen Provisionen und der erstklassige Service.

11.10 ADCELL / Firstlead

https://www.adcell.de

Die Hauptaufgabe von ADCELL besteht darin, für reibungslose Systemabläufe und die Sicherheit (u.a. Tracking, Statistik, Auswertung, Zahlungsflüsse, Datenschutz) zu sorgen. Mehr als 140.000 Merchants und Programmbetreiber vertrauen dem Netzwerk bereits, welches seit 2003 am Markt ist und mittlerweile über 1.400 Partnerprogramme anbietet. Dabei schätzen die Nutzer besonders die innovativen Werbemittel und das sichere Tracking, die Optimierung der Werbeerträge durch innovative Tools und erfahrene Ansprechpartner sowie die weltweite, pünktliche und korrekte Auszahlung.

11.11 Webgains

http://www.webgains.com/public/de/

Webgains ist ein Hochleistungs-*Affiliate*-Marketing-Netzwerk mit über 1.800

Advertisern. Das Netzwerk setzt auf eine unschlagbare Erfolgsbilanz, wenn es darum geht, Werbetreibende und Publisher zusammenzubringen und erzielt dank seiner 250.000 Publisher täglich neue Spitzenleistungen.

Webgains hat ein tiefes Verständnis für die Schlüsselmärkte entwickelt, produziert aber auch weltweit in kleineren Märkten, in über 230

Ländern, Umsätze. Durch die Kombination von Spitzentechnologie, Performance-Marketing-Erfahrung und erstklassigem Knowhow begegnen Ihnen Marken und Partnern von großen Blue-Chips-Unternehmen, bis hin zu kleinen Start-Ups.

11.12 Daisycon

https://www.daisycon.com/de/

In den letzten fünf Jahren wurde Daisycon fünfmal hintereinander von Publishern zum besten *Affiliate*-Netzwerk der Niederlande gewählt. Egal, ob Sie gerade einen Webshop eröffnen oder schon seit Jahren im Geschäft sind. Bereits seit 2000 ist Daisycon Ihr zuverlässiger Partner im Performance based Marketing und hilft Ihnen und Ihrer Onlinemarketingstrategie erfolgreicher zu werden. Nun will das Unternehmen seine Erfolgsgeschichte auch auf dem deutschen Markt fortschreiben.

Daisycon ist ein Premiumnetzwerk bei affiliatedeals.de und überzeugt mit innovativen Tools, WordPress-Plugin und einer Android- und iOS-App. Jeder, mit einer Website, einem Blog, einer E-Mail-Liste oder einem Social-Media-Account kann sich gratis und unverbindlich anmelden. Das *Affiliate*-Netzwerk hat eine große internationale Reichweite, die den Publishern Zugang zu vielen ausländischen Programmen bietet. Die Auszahlungsregelung erfolgt wöchentlich, pünktlich und völlig automatisch.

12. Checkliste für Ihren perfekten Start

1.) Für ein oder mehrere *Affiliate*-Netzwerke entscheiden.

2.) Anmeldung beim Netzwerk vornehmen. Die Netzwerke fragen in der Regel, auf welcher Website Sie werben wollen. Hier können Sie Ihre Website, aber auch Ihren privaten Blog, Ihre Facebook-Fanpage oder Ihren YouTube-Kanal angeben.

3.) Vertragsbedingungen genau lesen und Vertrag unterschreiben.

4.) Accountdaten auf Vollständigkeit überprüfen und Bankdaten für spätere Auszahlungen eingeben.

5.) Produkte und Werbemittel der Partner auswählen, Trackingcode oder Empfehlungslink generieren und speichern.

6.) Den Trackingcode an Ihre werberelevante Zielgruppe verteilen und in Newsletter, Videobeschreibungen oder Blogbeiträge einbauen. Viele Netzwerke bieten hier bereits fertige Plug-Ins an, die Sie auf Ihrer Website oder Ihrer eigenen Shopsoftware implementieren können.

7.) Wollen Sie erfolgreich sein, so nützt es Ihnen wenig, in schöner Regelmäßigkeit Werbelinks an Ihre Kunden und Besucher zu verteilen. Daher beginnt nun die eigentliche Arbeit: Das Schreiben (oder das Schreibenlassen) von Texten und dem Auseinandersetzen mit den Produkten. Sie können versuchen, mit Ihren Partnern zu Beginn einige Rabatte und Gutscheincode-Aktionen auszuhandeln und dadurch den Mehrwert Ihrer Seite zu erhöhen. Doch Besucher bekommen Sie nach wie vor nicht durch die Werbelinks oder Gutscheine auf Ihre Website, sondern durch hochwertige Inhalte, die einen Mehrwert für den Kunden darstellen.

13 Schlusswort

Im Internet Geld zu verdienen, ist heute kein Geheimnis, kein Hexenwerk und schon gar keine komplizierte Wissenschaft mehr. Leider gibt es immer noch die wildesten Geschäftsmodelle und abenteuerlichsten Verdienstversprechen. Anfänger fallen häufig auf diese Angebote herein. Auf der Suche nach seriösen Informationen stoßen Sie immer wieder auf solch zwielichtige Versprechungen und bekommen große Dollar- oder Eurozeichen in den Augen. Beispiele, wie: „*Ich habe in nur 48 Stunden 5.972,67 Euro verdient. Hier zeige ich Dir völlig kostenlos, wie auch Du das schaffen kannst,*“ gibt es leider wie Sand am Meer.

Wer denkt, ein System zu finden, mit dem er mit möglichst wenig Arbeit über Nacht reich wird, der wurde hier eines Besseren belehrt. Die Einzigen, die mit solchen betrügerischen Angeboten Geld verdienen und „reich werden“, sind die Betreiber selbst. Und so ist schließlich die Ernüchterung groß.

Dass online Geld zu verdienen jedoch durchaus möglich ist, haben Sie in diesem Buch gelernt. Es braucht nicht viel mehr als einen Computer und das Fachwissen, was Sie nun bereits erworben haben.

Ob Sie dieses Wissen nun auf Ihrer Facebook-Seite, Ihrem YouTube-Kanal oder einer anderen medialen Präsenz anwenden, bleibt Ihnen überlassen. Sie lernten jedoch nun die Vorteile des *Affiliate*-Marketings kennen, und erfuhren die Einsatzmöglichkeiten und Strategien, die Sie benötigen, um direkt loszulegen. Jetzt sind Sie in der Lage, sich mit diesem Wissen ein zusätzliches Standbein im Internet aufzubauen. Wenn Sie es akribisch und mit Disziplin verfolgen, dann ist Ihre Zeit der einzig limitierende Faktor, was Ihre Einnahmen anbelangt. Wer Ihnen aber verspricht, eine Anleitung zum schnellen Gelddrucken gefunden zu haben, der macht sich schon vom Start weg unglaubwürdig.

Sie haben auch gelernt, dass *Affiliate*-Marketing kein seltsames Geschäftsmodell ist, sondern vielmehr ein richtiges, seriöses Business darstellt, welches unter anderem auch große Unternehmen schon seit Jahrzehnten anwenden und bei dem vor dem Erfolg vor allem auch viel Arbeit und Zeit steht. Dann jedoch ist das Geld, welches Sie mit *Affiliate*-Marketing online verdienen können, so real, wie das Haus oder die Wohnung, in der Sie wohnen. Ich wünsche Ihnen beim Aufbau Ihres eigenen Online-*Affiliate*-Business viel Erfolg!

27523102R00054

Printed in Poland
by Amazon Fulfillment
Poland Sp. z o.o., Wrocław